楽しく上達

女子バスケットボール入門

サガジョメソッド

著 田島 稔
相模女子大学中学部・高等部
バスケットボール部監督

イースト・プレス

はじめに

私がバスケットボールの指導を始めた頃は、いろいろと教わったことを真似しながらのコーチングでしたが、少しずつ自分で工夫をするようになりました。そしてバスケットボールの勉強をすればするほど、その指導に興味を持っていきました。20年ほど高校生の指導に携わっていましたが、縁があって相模女子大学中学部の指導をすることになりました。指導開始から数年で能力が高い選手が来てくれるようになり、２０１５年は全国中学校バスケットボール

大会（全中）に出場しベスト8になりました。しかし、翌年も能力の高い選手がいたにもかかわらず県大会で終わってしまいました。この時に私はそれまでの指導を振り返りました。するとあまり試合に出ていない選手たちを伸ばせなかったことに気づき、「これでいいのか？」と考えるようになりました。そこからはいろいろな講習会やクリニックに参加し、試行錯誤をしながら徐々に現在の個を伸ばす指導法に近づいていったのです。

今現在私が指導で大事にしていることは、「全員がワンハンドでシュートを打つ」「基

本や基礎を大事にする」「動き作りと体作りをする」という3つです。そして基本や基礎の練習が増えると選手たちが少しずつ上手になっていく姿が見えました。それから数年が経ち、いつの頃からか選手たちが主体的に動くことの大切さを考えるようになりました。主体的というのは決められていること、例えば掃除当番だから掃除をするということではなく、汚れてきたから掃除をしようかといったように自分たちで判断や決断をすることです。そうしたことを伝えていくと、選手たちはプレーのなかでも判断や決断ができるようになり、それが楽

しさにつながるようになりました。さらには楽しいから笑顔が増えています。

世の中にはいろいろな指導方法や考え方があります。私は人の考え方を否定する気はまったくありません。私と正反対のやり方であっても「それもありだよな」と思っています。本書は私がこれまで大事にしてきた指導の内容をまとめた1冊です。皆さんにとって何かしらのヒントになればこれほど嬉しいことはありません。

相模女子大学中学部・高等部
バスケットボール部監督
田島 稔

世界基準を目指す
サガジョメソッドとは

サガジョメソッドの3つの柱

1 全員がワンハンドで シュートを打つ

「女子は筋肉量が少ないため、ワンハンドではリングまでボールが届きづらい」と言われます。ですがワンハンドで打てばシュートまでの時間が短くなり、駆け引きの幅も広がります。また両腕の関節を使って打つツーハンドよりも、片腕の関節だけしか使わないワンハンドのほうが精度も高くなると考えています。選手たちが「できるわけがない」と感じてしまう心の壁を取り除き、「片手でも飛距離が出せる」「片手でもシュートが入る」という楽しさを感じてもらいながら練習した結果、サガジョの選手たちは全員がワンハンドでシュートを打てるようになりました。

2 基本や基礎を大事にする

ボールハンドリングやパワーポジション、股関節の使い方やフットワークなどバスケットボールに必要な基本や基礎を大事にすることで、シュート力、突破力やディフェンス力が向上します。また基本や基礎を大事にするだけでなく、そのうえにある「チャレンジ」する気持ちが持てる場作りや声掛けも大切にしています。特に女子選手たちは安心できる安全な場があってはじめてチャレンジをする傾向にあります。そのような場を作ることで選手たちはチャレンジを繰り返せるようになり、それが試合でも活きてきます。

3 動き作りと体作りをする

育成年代のプレーの安定や成功体験の獲得に必要不可欠なことが「股関節回り」と「体幹」の強化です。これらの部位が強化されることで、パスやシュート、ドリブルが力強くなり、簡単に当たり負けしない体ができます。同時にケガの予防になることも重要なポイントです。そうした体の強さを獲得したうえでバスケットボールに必要な様々な動きをすることで、自分たちが思い描いたプレーができる回数が増え、さらにバスケットボールの楽しさを感じながらプレーしてくれるようになります。

「3年間を笑顔で終わるため」のサガジョのキラーフレーズ

Hard work（努力すること）
Hard voice（元気に声を出すこと）
Hard smile（ガッツリ笑うこと）

楽しく上達 女子バスケットボール入門 サガジョメソッド

Contents

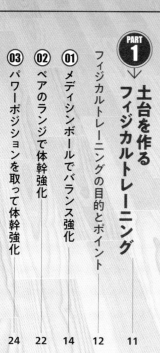

PART
1

土台を作る
フィジカルトレーニング

フィジカルトレーニングの目的とポイント

✕ 股関節が使えていない

〇 股関節が使えている

体幹と股関節周りを強化して自分の重心を管理する

このパートでは、パート2以降の技術を習得するためにやっていただきたいフィジカルの強化方法を紹介します。中学生である選手たちを指導するうえで大切なことは、ケガをさせないことであり、ケガをしにくい体を作ることです。そして同時に巻頭で紹介した「体作り」となるような内容を行うことが重要になります。ケガをしにくい体に近づけ、同時に体作りのために私が近年重視しているのは、「体幹」と「股関節周りの筋力」です。

バスケットボールではパワーポジションという姿勢が基本になります。そのため股関節周りのトレーニングをして股関節が使える姿勢を強化しています。股関節を正しく使えるようになると、着地時の衝撃を股関節で吸収できたり、ヒザが前に出にくくなるため、ヒザのケガの予防にもつながります。

バスケットボールではどうしてもボディコンタクトがありますが、股関節周りを強化することで、自分の重心をしっかりと管理できるようになるのです。2人でボディコンタクトした状態でドリブルをする練習があるのですが、この時に重心の管理ができていない選手は、自分の体重を相手に乗せてしまいます。相手に体重を乗せてしまうと体のコントロールができなくなります。そうならないためには、自分で重心の管理をすることが大切です。

✕ 重心を管理できていない姿勢

〇 重心を管理できている姿勢

モモの裏側とお尻を強化してヒザを前に出さずに止まる

それからモモの裏側とお尻の筋肉を強化することも重視しています。その目的ですが、この部位を鍛えることで、確実にストップする力がつきます。この動きもバスケットボールでは非常に重要です。人の体の構造として、後ろ側よりも前側のほうに筋肉がつきやすいということがあります。

そのため後ろ側の筋肉が弱いと前側の筋肉を使って止まろうとするため、ヒザが前に出やすくなります。そうすると先ほどの重心の管理と同様にヒザのケガ、ひどい場合には前十字靭帯の断裂などにつながる可能性が高くなってしまいます。

これまでいろいろなトレーニングを取り入れてきましたが、本書で紹介するトレーニングをするようになってからは、選手たちのヒザのケガだけでなく、足首の捻挫もかなり減っているように感じます。

また選手たちに口うるさく伝えていることの1つに「両脚で着地する」があります。片脚で着地するとヒザがいろいろな方向に動いてしまいますが、両脚着地をすればヒザが捻られる量が限られるため、ケガのリスクを軽減できます。このことはトレーニングとは少し異なりますが、併せて選手たちに伝えていただきたいポイントになります。

TRAINING 01

メディシンボールでバランス強化

メディシンボールトレーニングメニュー

❶ 3つの前後歩き
（前後、ボールを斜めに振りながら前後、ボールを上げて前後）

❷ 左右交互にモモ上げ&モモ伸ばし

❸ ボールを上げてからつま先に着ける

❹ つま先上げから脚をクロス

❺ ボールプッシュアップ

❻ 伸脚してボールを前後

❼ ランジからボールを上げて左右振り&後ろ反り

❽ その場でボールプッシュアップ

❾ ボールを振ってツイスト

❿ ボールを使って腹筋強化

⓫ ジャンプして180度ターン

バランス力を高めて重心を管理する

メディシンボールを持って様々な動きを行います。メディシンボールのように重さがある物を持つことで重心がずれやすくなります。そこを微調整しながら重心をコントロールすることで、常に自分の重心を管理できるようになります。また、重量を持つことで物理的な筋力トレーニングにもつながります。1つひとつの動きはそこまで難しくありませんが、反動をつけずに静止した状態でボールを動かすことが大切です。反動を使って動くと負荷がかからないため、効果が薄れてしまいます。

動画はこちらから

❶ 3つの前後歩き（前後、ボールを左右に振りながら前後、ボールを上げて前後）

1 前後歩き

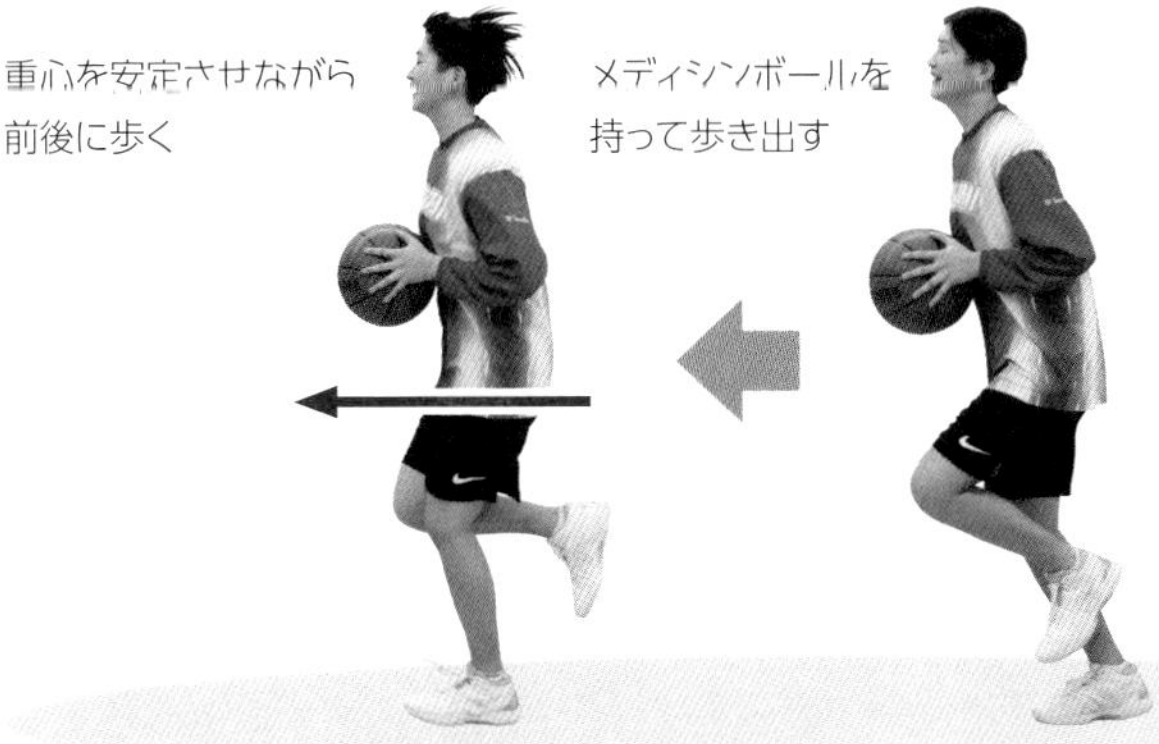
重心を安定させながら
前後に歩く
メディシンボールを
持って歩き出す

2 ボールを斜めに振りながら前後歩き

ボールを左右に
振りながら前後
に歩く
身体が左右に
振れない
ようにする
メディシンボールを
持って歩き出す

3 ボールを上に上げて前後歩き

片脚を前に出しな
がらボールを上に
上げて静止する。
これを繰り返す
メディシンボールを
持って歩き出す

2 左右交互にモモ上げ&モモ伸ばし

1 左右交互にモモ上げ

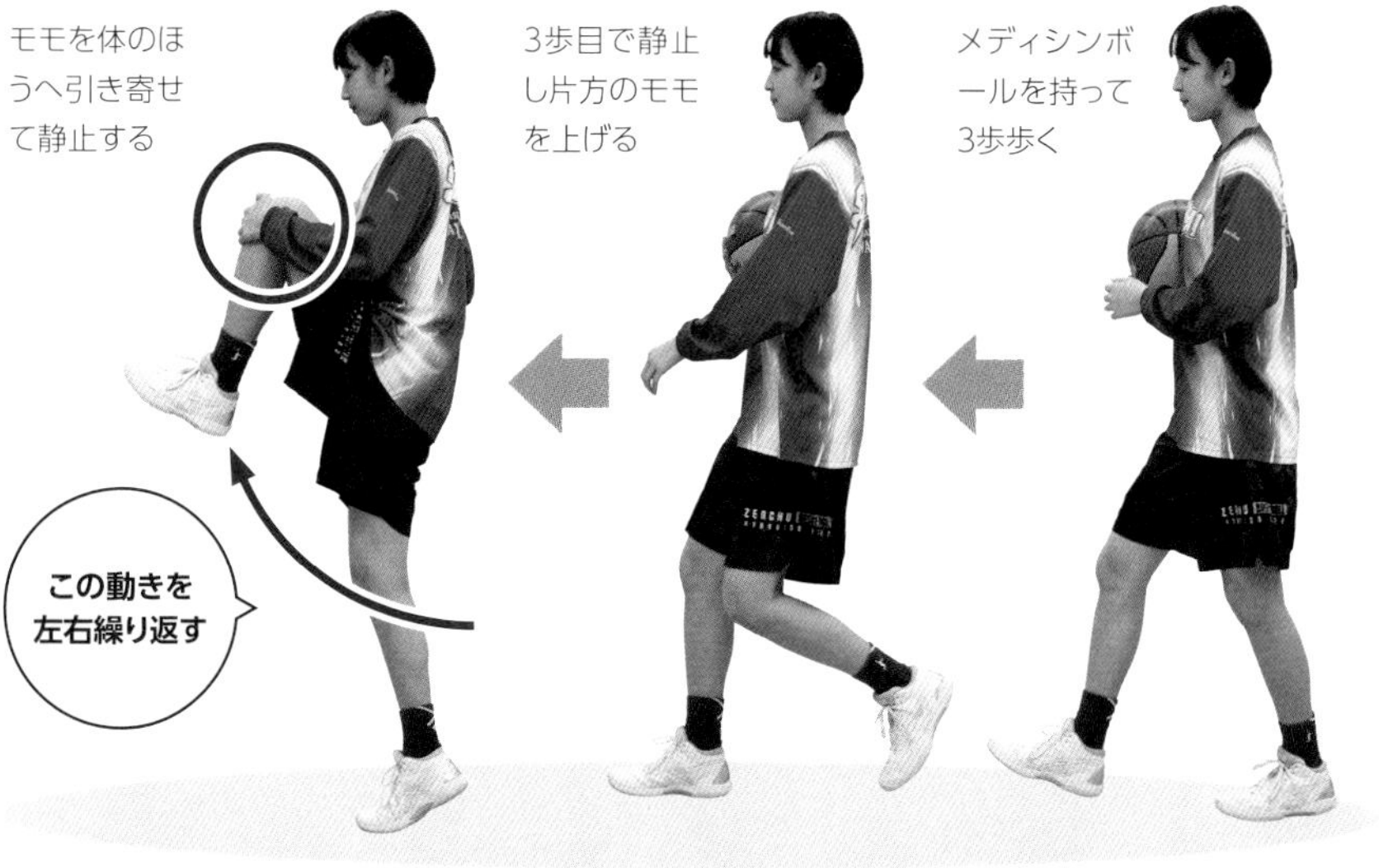
この動きを
左右繰り返す

メディシンボールを持って3歩歩く

3歩目で静止し片方のモモを上げる

モモを体のほうへ引き寄せて静止する

2 左右交互にモモ伸ばし

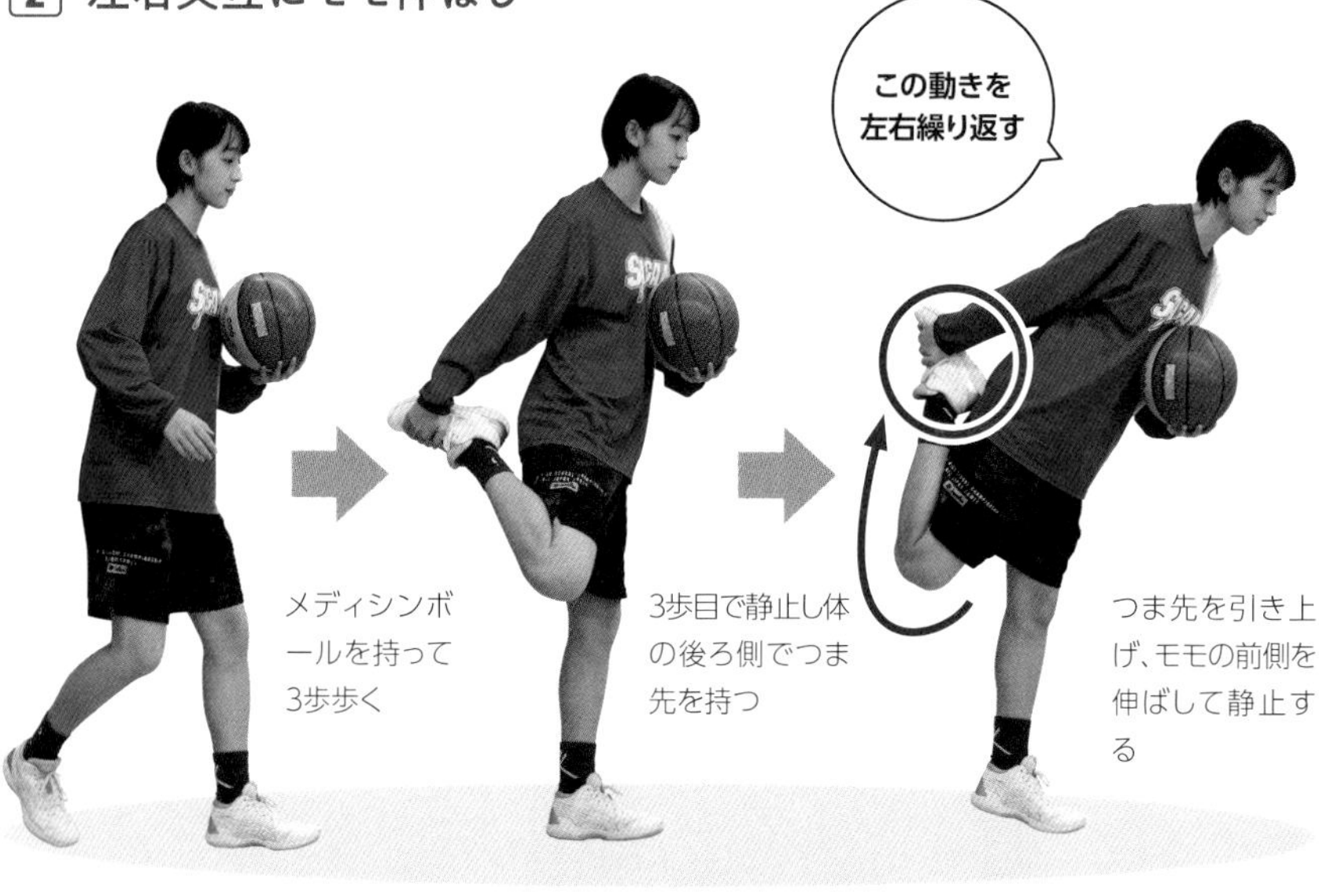
この動きを
左右繰り返す

メディシンボールを持って3歩歩く

3歩目で静止し体の後ろ側でつま先を持つ

つま先を引き上げ、モモの前側を伸ばして静止する

3 ボールを上げてからつま先に着ける

この動きを
繰り返して
前後に進む

メディシンボールを持って3歩歩きながらボールを頭上に上げる

片方の脚を伸ばし、上げたボールをつま先に着ける

その姿勢のまま前屈する

カカトが床に着くまで脚を下ろす

4 つま先上げから脚をクロス

横向きに歩き出す

片脚のカカトを床に着けて脚を伸ばす

反対側のカカトを床に着けて脚を伸ばす

1歩ずつ横に
進みながら
この動きを
繰り返す

パワーポジションを取る

片脚を前に出してクロスする

前屈してボールを床に近づける

5 ボールプッシュアップ

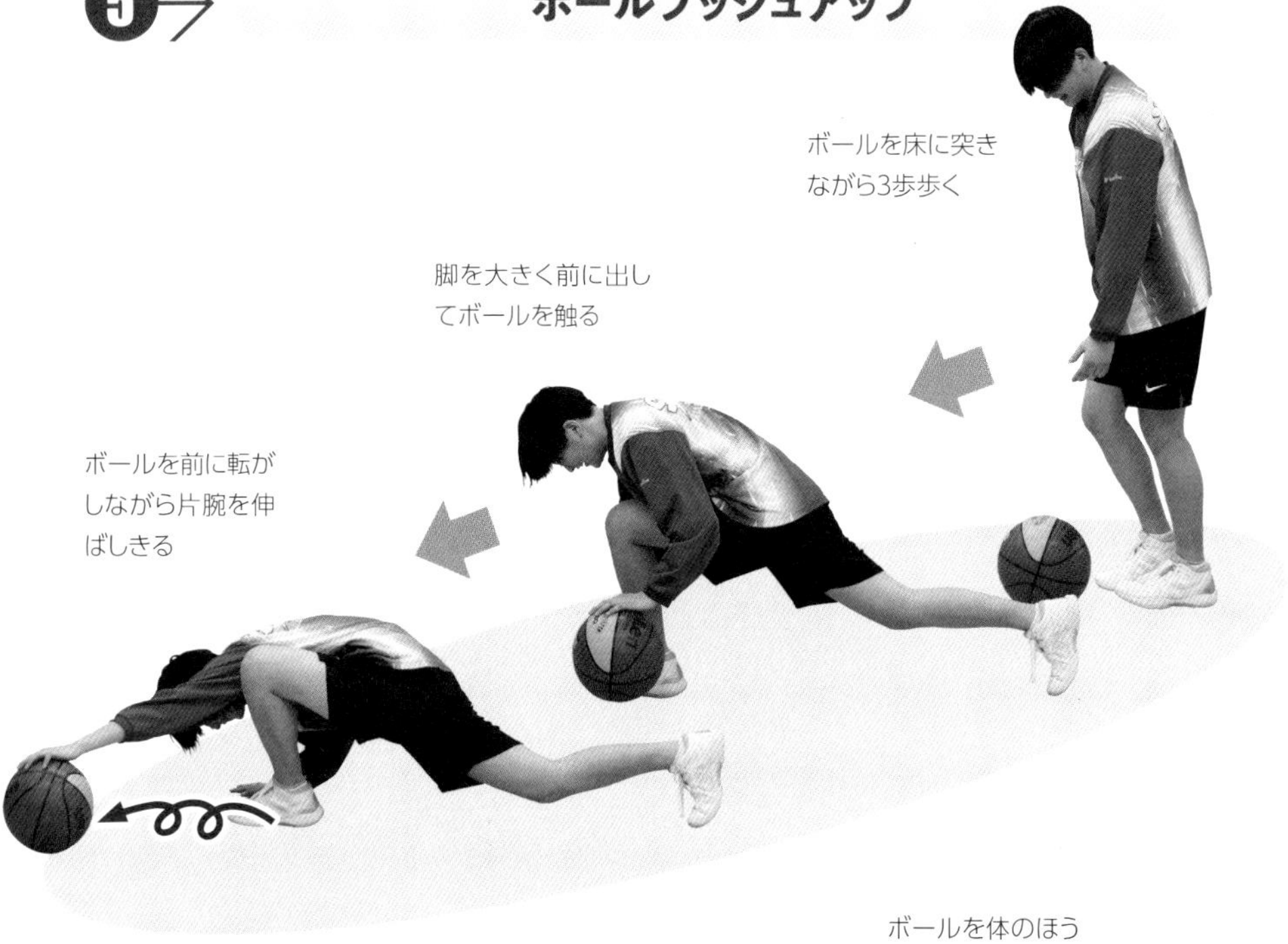
ボールを床に突きながら3歩歩く
脚を大きく前に出してボールを触る
ボールを前に転がしながら片腕を伸ばしきる

ボールを体のほうへ転がす
ボールの上に両手を乗せる
肩の真下辺りにボールを置く
3回プッシュアップをする
この動きを繰り返す

6 伸脚してボールを前後

この動きを
繰り返して
前後に進む

前に3歩歩く

片脚を伸ばしてつま先を浮かせる

ボールを前後に振る

3回ボールを振ったら3歩歩いて反対側の足を伸ばす

7 ランジからボールを上げて左右振り＆後ろ反り

3回左右に
ボールを振る。
この動きを
繰り返して
前に進む

ボールを持って前に3歩歩く

ボールを上に上げながらランジの姿勢を取る

ボールを左右に傾ける

この動きを
繰り返して
後ろ向きに進む

端まで進んだら今度は後ろ向きに3歩歩く

ボールを床に着けてランジの姿勢を取る

ボールを持ち上げ、できるだけ体を反らせる

8 その場でボールプッシュアップ

ボールを横に置き、肩の下に両手を置く

3回プッシュアップを行う

ボールを引き寄せ片手を乗せる

ボールの位置は肩の真下辺り

3回プッシュアップを行う

ボールを体の中心に移動させて両手を乗せる

両手で3回プッシュアップをする

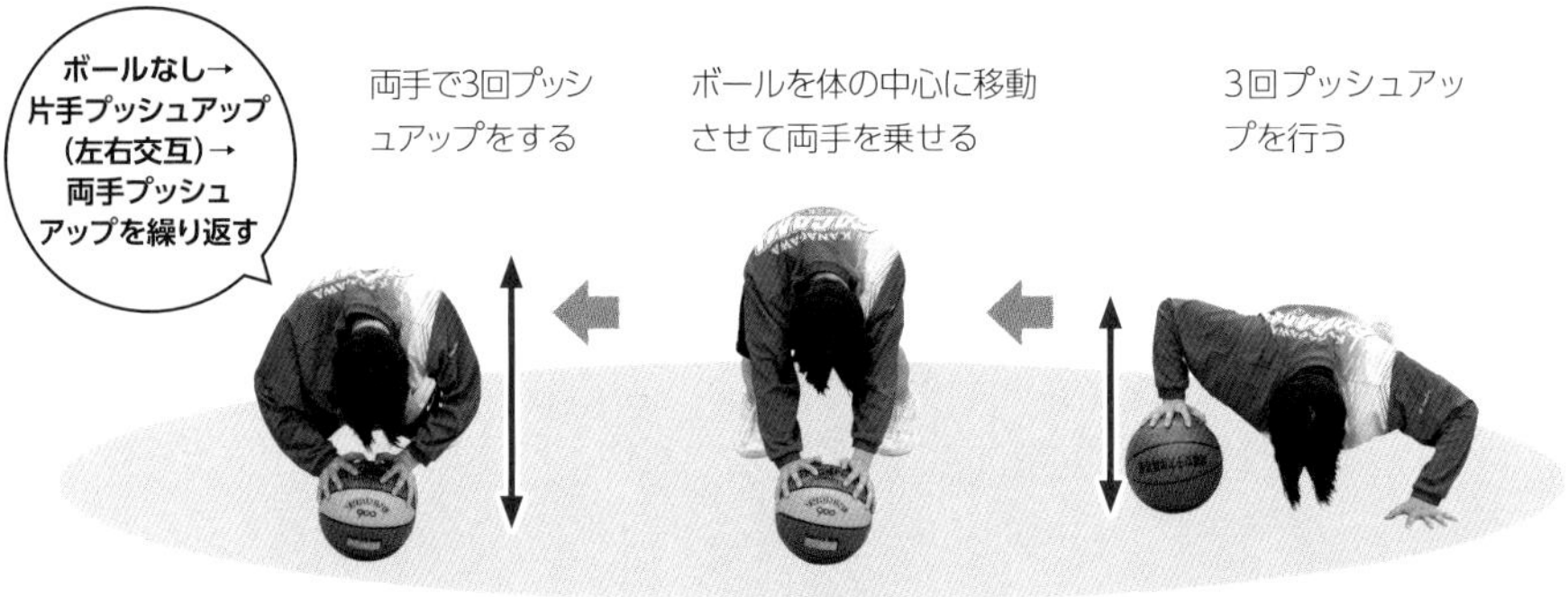
ボールなし→片手プッシュアップ（左右交互）→両手プッシュアップを繰り返す

9 ボールを振ってツイスト

この動きを30秒繰り返す

両手でボールを持ち、両脚を引き上げる

体は正面に向けたままボールを左側の床に着ける

今度は右側の床に着ける

10 ボールを使って腹筋強化

ボールを持って仰向けになり、両手と両脚を伸ばす

できるだけヒザを曲げずに脚を上げながら手を下げる

この動きを10回繰り返す

お腹の上辺りでボールをつま先に着ける

11 ジャンプして180度ターン

この動きを10回繰り返す
KANAGAWA SAGAMI
SAGAMI

脚を変えて着地する

片脚で踏み蹴って逆方向にターンをする

脚を変えて着地する

片脚で踏み蹴ってターンをする

ボールを持って片脚で立つ

TRAINING 02

ペアのランジで体幹強化

正しい姿勢を取る

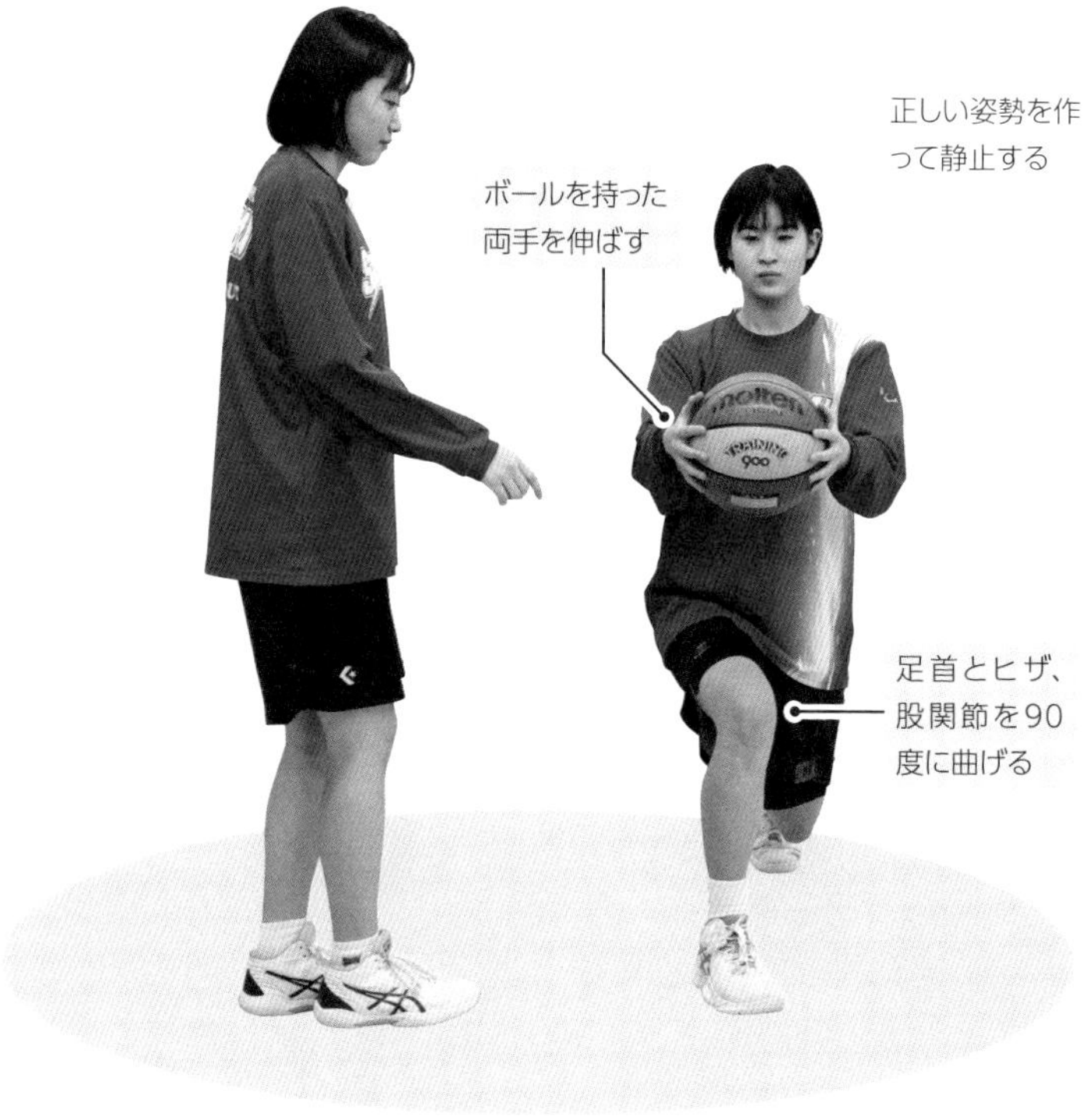
正しい姿勢を作って静止する
ボールを持った両手を伸ばす
足首とヒザ、股関節を90度に曲げる

上下左右から加わる負荷に耐える

このトレーニングの目的もメディシンボールトレーニングと同じで、モモの裏側とお尻の筋肉を鍛えることです。その部位を鍛えることでストップ動作の強化やケガの予防につながります。

足首とヒザ、股関節を90度に曲げてランジの姿勢を取ります。その状態でペアが上下左右から10秒ずつ、1本の指でボールを押します。このトレーニングは押す人の力のさじ加減が重要です。ランジの姿勢を取っている選手に適度な負荷がかかるように調節しながら行ってください。

動画はこちらから

前後左右から指で押す

1 1本の指で上からボールを押す

2 1本の指で左からボールを押す

3 1本の指で右からボールを押す

4 1本の指で下からボールを押す

前後左右を
10秒ずつ行ったら
前後の脚を
入れ替える

サガジョポイント！

声を出して強度を調節する

ボールを押す人の力加減がとても大切です。ボールを持った選手は適度な負荷を感じられる強度になるようしっかりと声をかけながら行いましょう！

サガジョ

TRAINING
03

パワーポジションを取って体幹強化

股関節を曲げてパワーポジションを取る

基本姿勢の質を高める

このドリルは股関節を曲げた姿勢でも十分にパワーを発揮するために、体幹を鍛えることが目的です。パワーポジションを取り、ペアに肩と腰、ヒザを押してもらいます。ペアに押されても体がぐらつかないように重心を下げ、確実に重心を管理できるようになりましょう。

正しいパワーポジションが取れることで、いろいろなプレーの質が上がります。さらにストップ時などに衝撃に耐えられる姿勢ができるため、ケガの予防になりますし、ケガのリスクが下がります。

動画は
こちらから

ヒザを押す

ペアにヒザを押してもらい、その力に耐える

肩を押す

ペアに肩を押してもらい、その力に耐える

反対側から肩、腰、ヒザを押す

反対側に移動してもらい、3つの部位を10回ずつ押してもらう

腰を押す

ペアに腰を押してもらい、その力に耐える

サガジョポイント！

ぐらつかない姿勢を作る

押される力に抵抗しようとして相手に寄り掛かると、パワーポジションが崩れてしまいます。股関節を曲げて重心を下げ、体の軸を使って押される力に抗いましょう！

TRAINING 04

ワンドリブルワンツーストップ

ツーステップして両脚で止まる

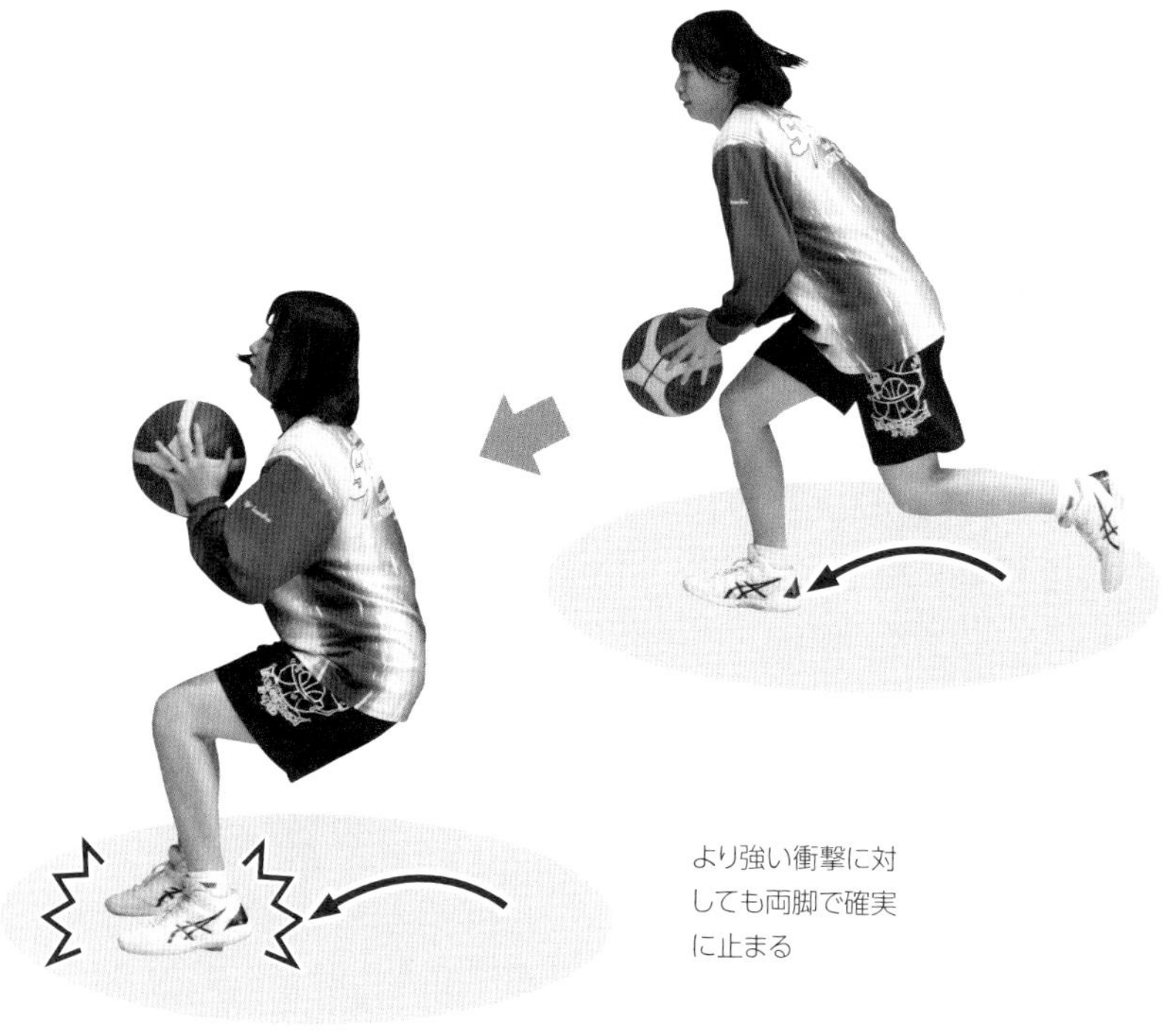

より強い衝撃に対しても両脚で確実に止まる

ドリブルを突いて1、2ストップ

このドリルの目的はストップする技術の強化にありますが、実際にはももの裏側の筋肉（ハムストリングス）やお尻の筋肉（大殿筋）の強化につながります。

エネルギーは質量と速さに関係するので、体重が増えたり前に進むスピードが速くなるほど止まるときの衝撃も大きくなり、大きなエネルギーが必要になります。しっかりと股関節を使って止まる技術が必要です。止まった後にバック走をして最初の場所に戻るので、その動きも脚の裏面の強化につながります。

動画はこちらから

3 両脚で着地して確実に止まる

1 1回ドリブルを突く

4 反対側の手でも同じように行う

2 もう1歩踏み出す

サガジョポイント!

ドリブルから次のプレーに移るポイント

バスケットボールでは確実にストップすることで、スムーズにシュートや再アタックといった次のプレーにつなげれます。そのためにはこのストップがとても重要です！

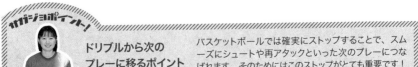

TRAINING 05

ワンドリブル両脚ジャンプストップ

ワンドリブルから両脚で止まる

両脚で止まることで安定した姿勢が作れ、ケガのリスクが低くなる

ドリブルを突いて両脚でストップ

このドリルの動きは、ドリブルを突いて両脚で止まるというシンプルなものです。26ページのワンツーストップよりも同時に両脚で止まるため大きな衝撃を受けますが、ここでも股関節を使って着地することで衝撃を軽減します。しっかりとパワーポジションの姿勢で着地することでケガに強い動きが身につきます。

ストップ後すぐにバック走をすることで脚の裏面に負荷をかけます。この練習も負荷が強いので終了後にもも裏のストレッチを行いましょう。

動画はこちらから

1
両脚を揃えて
立つ

2
１回ドリブルを
突く

3
両脚で着地する

4
反対側の手でも
同じように行う

この動きを
30秒繰り返す

サガジョポイント！

足首の捻挫が激減

女子バスケットボールで多いケガは足首やヒザの捻挫です。けれども両脚で着地する練習を繰り返すことで、サガジョではここ数年、足首捻挫をする選手は少ないです。

COLUMN

選手たちが心から バスケットボールを楽しむために

私が指導で大切にしていることの１つに、コーチが学び続けることがあります。指導に「これでいい」ということはありません。新しい内容を取り入れるかは自分で吟味する必要がありますが、コーチ自身が学びを止めてはいけないと思います。そして人としての成長とバスケットボール選手としての成長が必要だということを選手たちと共有するようにしています。

いろいろな方に「チーム全員が笑顔ですね」「大きな舞台でも自然体でプレーしますね」と言っていただくことがあります。7ページでも触れましたが、チームで大切にしていることの１つに「ハードスマイル」があります。全力で元気よく笑うことを意味する造語ですが、そのためには常に全力でプレーをするための努力をする「ハードワーク」や、元気よく声を出すことである「ハードボイス」が大切だと考えています。

そうした結果選手たちが心からバスケットボールを楽しんでもらえたら、中学や高校を卒業した次のカテゴリーでもバスケットボールを楽しみ、その楽しさを次の世代に伝えていってくれるのだろうと期待しています。

PART 2

ワンハンドで
3Pシュートを打つ

ワンハンドシュートを放つための基本とポイント

どちらが強い力を発揮できる？

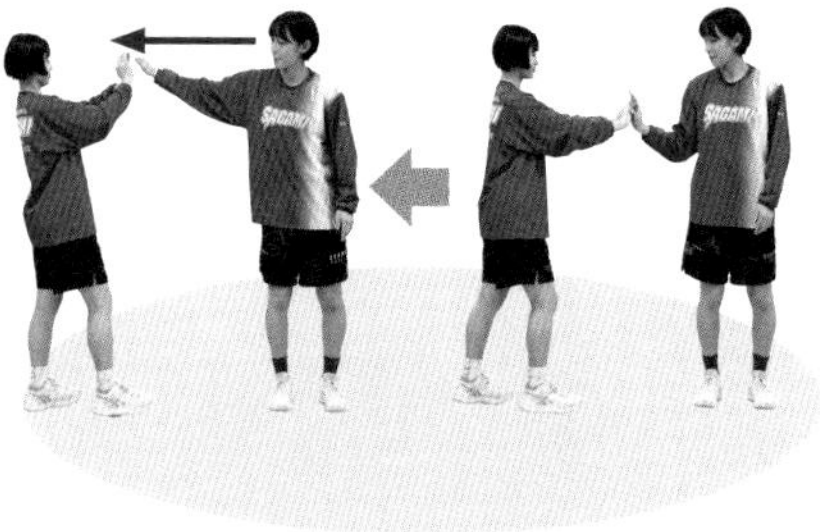

体の側面をペアに向けて腕を伸ばす

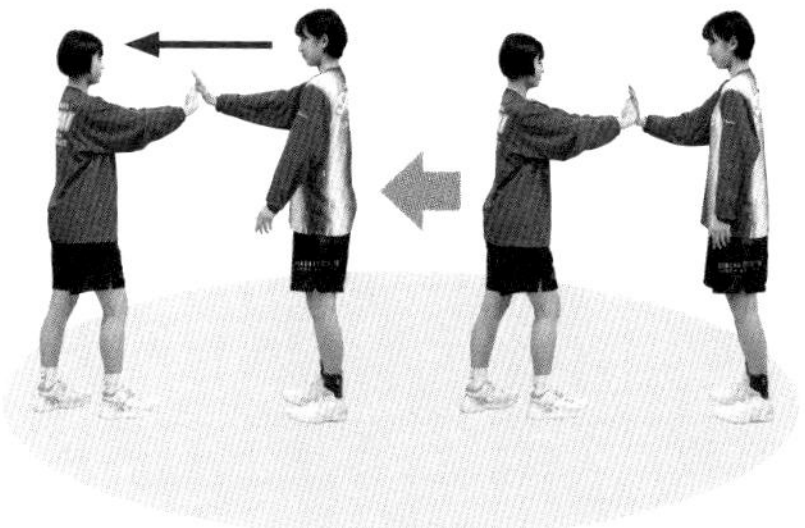

体の正面をペアに向けて腕を伸ばす

ボールにパワーを伝える

私たちの特徴であるワンハンドでの3ポイントの指導展開を解説します。

私の場合は、多少無理に思えても、最初からワンハンドで放てるように指導しています。徐々にワンハンドで飛ばせる距離を増やしていく方法もあるでしょうが、これだと遠くに飛ばせるようになるまでに、相当な時間が必要です。同時にその間も試合があるため、選手たちは「試合ではボースハンド」、「練習ではワンハンド」となってしまいます。これでは、時間がとてももったいないのです。

そのための具体的なドリルはこのパートで紹介しますが、まずはワンハンドで遠くへボールが届くようにします。それができたら精度を高めていきます。最初に選手たちに「届いた！」という成功体験を与えられると、「届くのであればワンハンドで打とう」と思えるのです。

ボールを遠くに飛ばせるということは、ボールにパワーが伝わっているということになります。パワーは物理の法則通りで、力×スピードです。そのためにまずは、どうすればボールにパワーを伝えられるのかを教えます。上の写真のように、ペアに体の正面を向けて腕を伸ばすことと、ペアに対して横向きになって腕を伸ばすことを試してください。上の写真を見ればわかりますが、横向きで腕を伸ばすほうが強い力を発揮できます。

スナップは自然に

頭を残しつつ股関節を伸ばして前に飛ぶことで、体がリングに対して少し横向きになり、強い力が発揮できる

ボールはベタづきで持つ

手のひらとボールの間に隙間がないようにし、両手で挟むように持つことでパワーを伝達しやすくなる

無理に形を作らずに直線的に投じる

ボールを投じる角度ですが、バスケットボールのシュートの基本では45度くらいが一般的とされています。けれども角度が増えるとゴールまでの軌道が長くなります。直線的に投じたほうが距離は短くなるのです。そのため最初のうちはライナーに近い低い軌道で放つようにします。

またボールを持ったときに手のひらとボールの間に隙間があると、パワーの伝達のロスが起こります。そのためボールはベタづきで隙間を開けず、両手で挟むように持ちます。そして大胸筋の力を使い、腕の外側かつ小指側の骨である尺骨から小指球でボールを押すようにして放ちます。それからどの指でボールを放つかについてですが、個人差があるので私は気にしませんし、スナップも無理やり形を作るのではなく、すべての指が下を向くような自然なスナップを心掛けています。

最後に飛ぶ方向ですが、頭を残しながら前に飛ぶようにします（スウィープ&スウェイ）。頭が残った状態で股関節を伸ばしながら前に飛ぶことで、先ほどのペアに対して力を加えた横向きの姿勢に近づきます。そして動きが連動することで、強いパワーが発揮できるようになるのです。ここで解説したことがワンハンドでシュートを放てるようになるポイントですので、うまくいかない場合には1つひとつの要素を確認しましょう。

斜め向きでボールを押し出す

斜めの向きは
個人差があるため、
しっくりとくる
向きを見つける
5mほどの距離で行う

斜め向きになってボールを上から押す

手首のスナップを
使うのではなく、
腕を伸ばして
ボールを押し出す

地面を踏み蹴った反動を使い、
腕の力でボールを押し出す

斜め向きになりボールを押し出す

2人1組になり、ワンハンドシュートの基本となる動きを使って強いパスを出します。体を斜め向きにし、ボールを上から押すように持ちます。そして地面を踏み蹴った反動を使ってボールを放ちます。この際にフロアのライン上に立つことで、ボールがまっすぐに飛んでいるかを確認することができます。

これまで両手でパスを出していた選手は体が正対しがちになるため、自分に適した斜め向きの姿勢を見つけましょう。手首のスナップを使わずに腕の力で飛ばしましょう。

動画はこちらから

1 斜め向きに構える

2 ボールを上から押しながら股関節を曲げる

3 頭を残しながら前に飛ぶようにしてボールを放つ

4 強くボールを押し出す。手首は自然な形でよい

サガジョポイント!

自分にしっくりとくる向きを探す

強い力を発揮するために体を斜めに向けますが、どのくらい向けるのかは一人ひとり違います。まずはいろいろな向きを試し、強い力が加えられる姿勢を探しましょう。

スイープ＆スウェイを使ったプッシュパス

前へのジャンプを使ってパス

斜め向きに構える

より前に飛ぶことで、
より強い力がボールに
伝わることを
体感できる

頭を残しながら前にジャンプし、
ボールを押し出す

前に飛ぶことでより強いパスが出せる

斜め向きに構えた状態から前に飛ぶことで、より力を発揮できるようにします。前に飛ぶ際にはできるだけ頭の位置を残すようにします。また飛ぶことで体が移動する方向がシューティングラインから外れる選手もいるでしょう。ですが腕がシューティングライン上に伸びれば問題ありません。体が斜め方向を向いているため、腕は体が向いている方向（左手側）に伸びてしまいます。それを防ぐためには腕を右側に開くようにし、シューティングライン上に腕を押し出せるようにします。

動画はこちらから

1 しっくりとくる斜めの向きで構える

5mほどの距離で行う

2 股関節を伸ばして前に飛びながらボールを押し出す

3 腕はシューティングライン上にあることを意識する

4 腕を右側に開くことで腕をシューティングライン上に置きやすい

この動きを
10回ほど
繰り返す

サガミジョポイント!

腕を右に開くことで体が上を向きやすい

腕をシューティングライン上に置くために腕を右に開きます。腕を開くことで胸郭（胸の骨）が開かれ、体の面が上を向きます。これによってより遠くにボールを投じることができます。

フリースローラインからバックボードへのパス

バックボードに強いボールを当てる

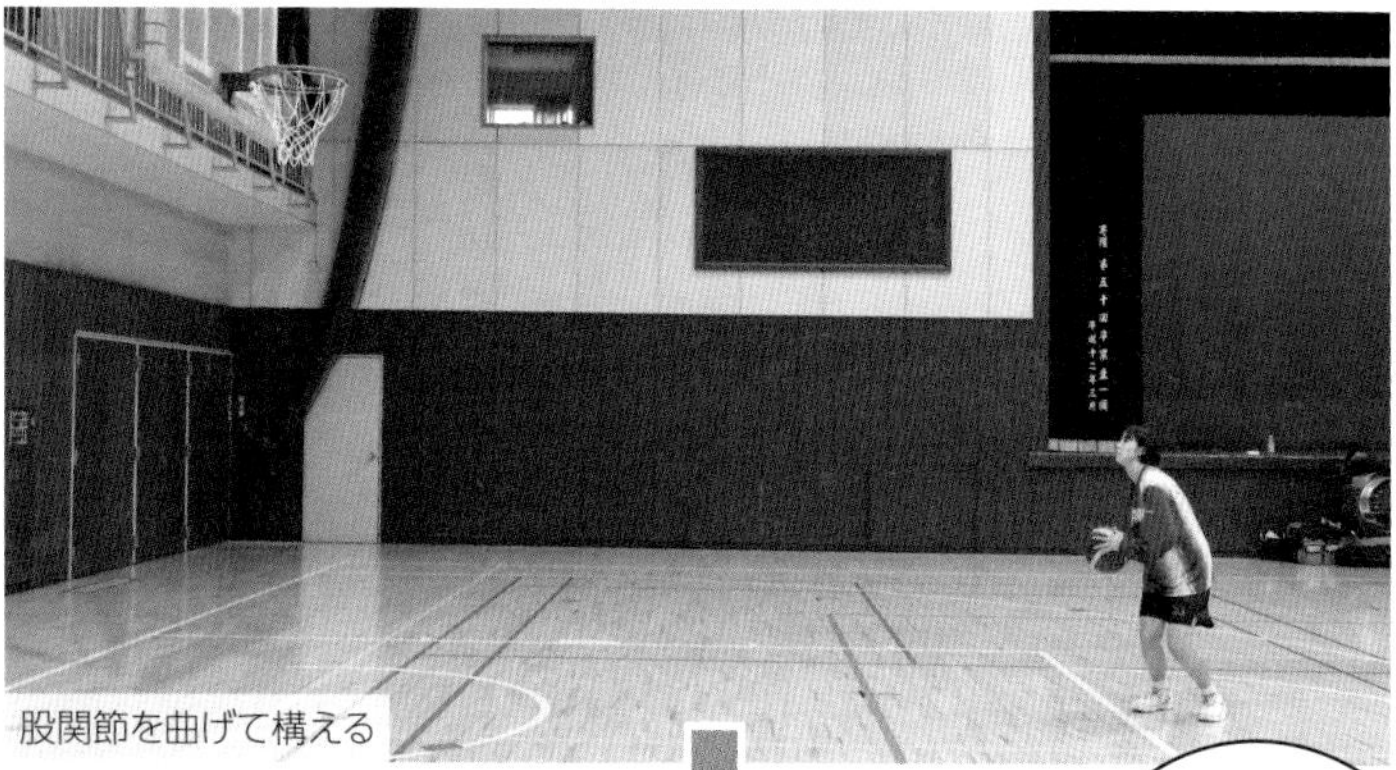
股関節を曲げて構える

まっすぐに
飛ばせることと
強い力を加えられる
ことを重視する
お尻とモモの裏側の筋肉を使って股関節を伸ばしながらボールを投じる

フリースローラインから強いボールを投じる

これまで練習した強くボールを押し出す動きを使い、フリースローラインからバックボードにパスを出します。慣れないうちは無理やり打っているように見えますが、体の成長に伴って自然なフォームで投げられるようになるため、あまり気にする必要はありません。透明なバックボードであれば白いラインを目安にします。ラインがないボードの場合は、リングとボードの真ん中を目安にしましょう。上に向かって腕を伸ばすのではなく、体を上に向けることで自然にボールが上に飛びます。

動画はこちらから

1 強い力を発揮できるよう斜め向きに構える

2 体の向きを少し上向きにして股関節を伸ばす

3 腕をまっすぐに伸ばしてボールに強い力を伝える

大胸筋の
力も使って
ボールに
力を加える

4 ボールが強くバックボードに当たればOK

これを
10本ほど
繰り返す

サガジョポイント！

練習では真後ろに並ばない

前に向かって飛ぶと、シュート後に体が後ろに下がります。次にシュートを放つ人が真後ろに並ぶとぶつかる危険があるため、左右どちらかにずれて並ぶようにしましょう！

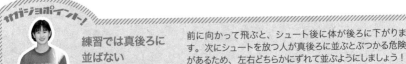

3ポイントラインからバックボードへのパス

リングよりも少し上を狙う

シュート精度ではなく遠くへ飛ばせることを最優先にする

股関節をしっかりと伸ばして前に飛び、ボールに強い力を加える

3ポイントラインから強いボールを投じる

今度は3ポイントライン上に立ち、バックボードに強くボールを当てます。基本的な動きはこれまでと同じですが、ボールを飛ばす距離が長くなるため、しっかりと股関節を伸ばして前に飛びましょう。

またボールを当てる場所ですが、リングよりも少し上を狙い、そこに向かって強くボールを投じます。この段階では遠くまで飛ばせることが目標ですので、シュートを入れる必要はありません。遠くに飛ばせることで選手たちに自信を持たせます。

動画はこちらから

1
しっかりと
股関節を曲げる

2
お尻とモモの裏側の筋肉を
使って床に強い力を加える

3
頭を残しながら前に飛んで
ボールに強い力を加える

4
バックボードに強く
当てられたらOK

サガジョポイント！

**ボールを強く
まっすぐ飛ばす**

ボールに強い力を加えることばかり意識すると、ボールが左右に曲がってしまうことがあります。強い力を加えることと同時に、まっすぐに飛ばすことも意識しましょう！

TRAINING 05

3ポイントラインからバックボードの白枠へパス

より小さなターゲットを狙う

頭を残しながら
強く股関節を
伸ばす
ココを狙う

ボードの上部にある白いラインを狙う

強い力をボールに加える

3ポイントラインから強いボールを投じる

今度はバックボードのゴール上部にある白いラインを狙って強いボールを投じます。この段階でもシュートを入れるのではなく、強く当てることを重視します。ボースハンドで打っていた選手はリリース時に体が正対することがあります。その場合には前脚の股関節を前に出すことで、腕がシューティングライン上を通るようになります。強く遠くへ飛ばせない場合には、斜め向きを強めてシューティングラインよりも左側にジャンプをしたり、手の角度を調整するなどの工夫をしましょう。

動画はこちらから

1
前に飛ぶ量を増やすなどの
工夫をして強いボールを
遠くに飛ばす

2
シューティングラインと
フォロースルーを大事にする

3
腕を上に向けて
伸ばさないようにする

4
ボード上部の白いラインに
強くボールを当てる

サガジョポイント!

腕を上に向けずに大胸筋を使う

ボールを遠くへ飛ばそうとすると、腕を上に向けてしまうことがあります。こうなると使う筋肉が小さくなるため、さらにボールが飛ばなくなるので注意しましょう。

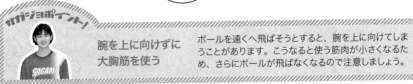

ピョンピョン跳ねてから3ポイントシュート

シュート前にピョンピョン跳ねる

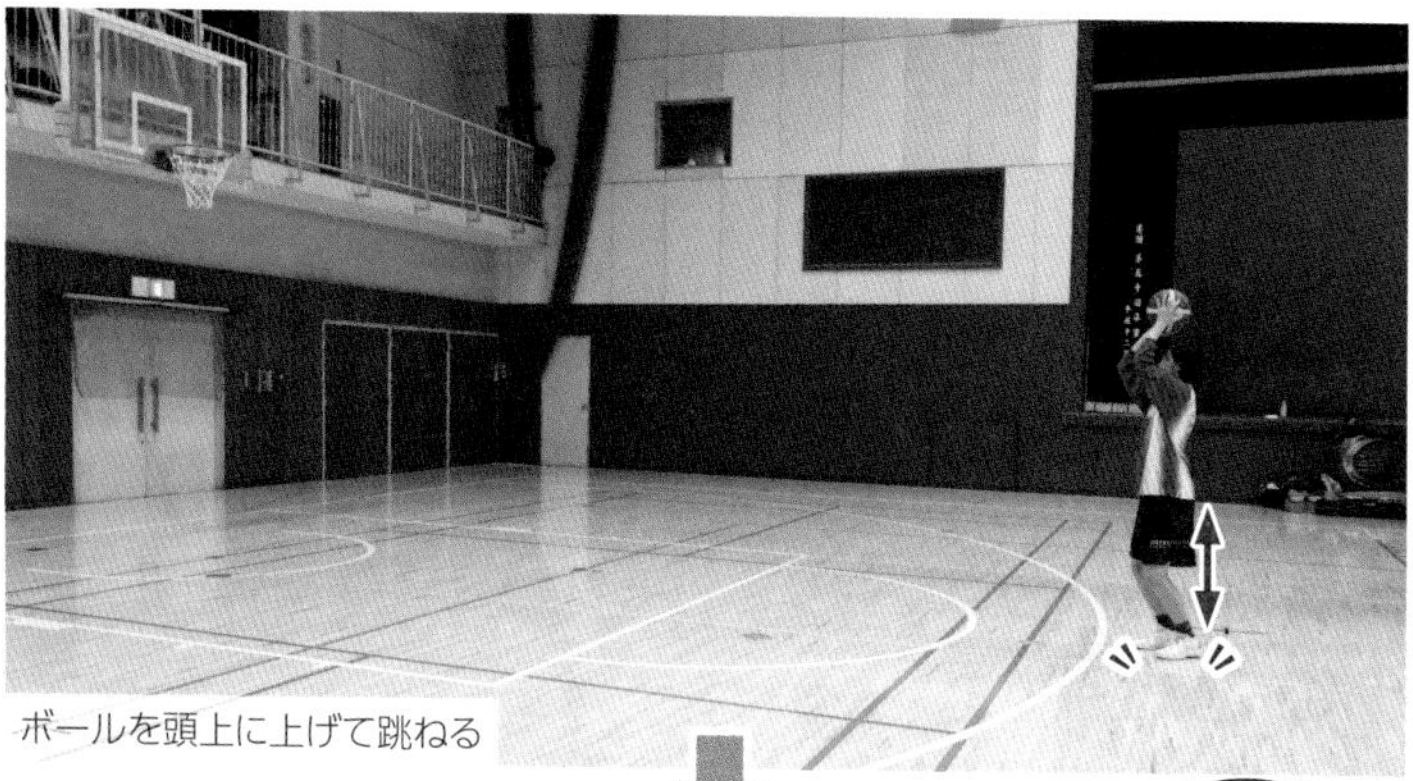

ボールを頭上に上げて跳ねる

ディップとは、シュート前に構えた位置から一度ボールを下げる動きのこと。

跳ねてからディップしてタイミングを取る

跳ねることで 地面からの反動をもらう

ここからはシュート精度を上げるより実践的なドリルになります。シュート前にピョンピョンと跳ねてからディップしてタイミングを取り、シュートを放ちます。また跳ねることで、地面からより強い反力を得ることができます。サガジョでは基本的にホップ系のシュートを放ちます。ホップはキャッチからリリースまでをクイックにするためのテクニックですが、ピョンピョンと跳ねる動きを入れることで、ホップの感覚を養うことができます。

動画はこちらから

1
数回ピョンピョンと跳ねる

2
ボールを下げる（ディップ）

3
ボールを下げた勢いを
使ってジャンプする

4
跳ねた勢いを利用して
より遠くにボールを飛ばす

サガジョポイント！

ホップだと打ちづらい
選手もいる

サガジョではワンツーで3ポイントを放つのではなく、ホップを使いますが、ホップ系の動きが苦手な選手もいるため、試合では個々の打ち方に任せてくれます。ただし練習ではホップ系を行います。

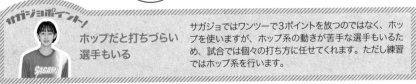

セルフキャッチ&シュート

自分でボールを出してキャッチ

自分でボールを出す

股関節を曲げた状態でキャッチする

キャッチしてから素早くシュートを放つ

さらに実践的なシュートの放ち方のドリルです。自分で出したボールをキャッチしてシュートを放つのですが、キャッチしてからシュートまでの時間をできるだけ短くすることが目的になります。そのためには股関節が重要です。キャッチした時に股関節が曲がっていれば、すぐに伸ばしてシュートを放つことができます（1、2のリズム）。ところが股関節が伸びた状態でキャッチをしてしまうと、そこから一度股関節を曲げる必要があるため、1、2、3のリズムになってしまいます。

動画はこちらから

1
キャッチした状態から
素早く股関節を伸ばして
シュートを放つ

2
シューティングライン上
に腕を伸ばす

3
ワンハンドでシュートが
放てるとブロックシュートに
来られてもかわしやすい

この動きを
10回ほど
繰り返す

4
素早くシュートが放てるように
工夫しながら行う

サガジョポイント!

ディフェンスをつけると
より実践的になる

このドリルにディフェンスを加えると、さらに実践的な練習になります。その場合には、ディフェンスが来ている状態でもシュートを打ち切ることを大切にしてください。

TRAINING 08

左へステップバックしてシュート

キャッチしたらステップバック

ワンドリブルで左方向へ
ステップバックする

すぐにショートモーションに入る

キャッチ＆シュートの応用編

右利きの場合、左にステップバックしてからショートを放つ動きは、先ほどのキャッチ＆シュートの応用編になります。左側にステップバックする場合は右側の肩が前に出ているため、すでにシュートの構えができている状態です。ステップバックすると同時に股関節を曲げ、できるだけ素早くショートを放ちます。これまで多くの選手を見てきましたが、ステップバックからのショートが入るようになると、選手たちは大きな自信を持つようになります。

動画はこちらから

2 股関節を伸ばしてシュートを放つ

2 できるだけ素早く動く

2、3日で習得できる

キャッチ&シュートができれば、ステップバックからのショットは2、3日で習得できます。私たちはとても自信になったので、皆さんもぜひ挑戦してみてください!

COLUMN

ワンハンドシュートは世界基準

ワンハンドシュートが打てるということは、3ポイントだけでなく、その他の技術にいろいろと波及します。世界のバスケットボールを見ると、海外はワンハンドシュートが主流ですが、日本ではボースハンドシュートが多いのが現状です。近年、日本バスケットボール協会もワンハンドシュートを推奨していますし、ある指導者へのアンケート結果では、ほぼ100%の指導者が「ワンハンドシュートを指導すべきだ」と回答したそうです。そのように考えると、ワンハンドは世界基準といえるのではないでしょうか。そして今後の選手たちの活躍の場を考えると、八村塁選手や渡辺雄太選手、町田瑠唯選手たちのように世界で戦う選手が増えていくと予想できます。そのためには私たち指導者が、中学生の段階からワンハンドシュートを教えていくことが非常に重要だと考えています。

このパートで紹介したドリルは、ほとんどがワンハンドシュートの普及に尽力されている今倉定男氏に教えていただいたナチュラル・パーフェクト・シュート®の内容です。本書をお読みいただいている指導者の皆さんも、ぜひいろいろなメディアを参考にしながら、世界基準の技術を選手たちに伝えてください。

PART
3

1on1で勝ちきるドリブルの習得

ボールハンドリングの目的とポイント

ハンドリング能力が低い

ドリブルに意識が集中するため、視野が取れない

ハンドリング能力が高い

ドリブル以外のことに多くの意識を使え、広く視野が取れる

視野に大きな違いが生じる

ボールハンドリングが未熟な場合、例えばドリブルに全神経のうちの80％を使うことになります。そうすると次のプレーを考えたり、周囲の状況を把握するなどの他の要素には20％しか使えないことになります。ところが10％程度の神経の使い方でドリブルができれば、残りの90％を他のプレーや状況判断に使えます。つまりボールハンドリング能力が向上することで、視野が取れるようになるのです。

またボールハンドリング能力とリンクする要素にキャッチがあります。完全にノールックでキャッチをすることは不可能ですが、視野が取れていると「周辺の状況を見ておき、キャッチをし、ボールに触れた瞬間に判断ができる」といったプレーが展開できます。ところがボールハンドリングがおぼつかない選手はキャッチであたふたしている間にトラップされたり、スチールされたりします。

バスケットボールはキャッチからほとんどのプレーが始まりますので、キャッチングにあまり神経を使わないようにボールを扱える能力が非常に重要になるのです。

このパートではボールハンドリング能力の向上を目的としたドリルを紹介しますが、ただハンドリング能力を磨くのではなく、視野が取れることが最終的な目的であることを意識して練習してください。

ハンドリングドリル

はじめは動きの習得を目指すが、最終的には他のスキルと連動させる

2ボールを使ったトレーニングの効果

サガジョで練習開始時に行っているドリルが、パート1で紹介した体幹強化と2ボールを使ったトレーニング、1ボールと小さいメディシンボールを使ったトレーニングになります。

このトレーニングはコーディネーショントレーニングの要素が大きいのですが、ボールを2つ扱うことで、同時に2つの異なる動きが必要になります。例えばボールを突く高さや方向が異なりますが、そこでハンドリングミスをしないようにします。

はじめは複雑な動きに戸惑う選手もいますが、慣れてくると苦もなくやってしまいます。そうなると恐らく、効果が薄れているでしょう。ですから慣れてきたらこれまで以上に強く突いたり、軸をキープしたり、重心を管理することに意識を置いて行ったりします。

繰り返しになりますが、このトレーニングの考え方で大切なことは、ただのハンドリングドリルで終わらせないことです。ハンドリング能力が高くなれば、ハンドリングにあまり意識を向けなくてよいため、他のことに視野や判断力を使えます。つまりドリブルやパスなど、他のスキルと連動できるようになることが重要です。次のページから具体的なドリルを紹介しますので、ぜひチャレンジしてみてください。

3つの高さで同時ドリブル

1 ヒザの高さで左右同時にドリブル

2 腰の高さで左右同時にドリブル

3 肩の高さで左右同時にドリブル

動画は
こちらから

左右で突く高さを変える

1

右手側は高く、
左手側は低く突く

2

右手側は低く、左
手側は高く突く

ボールをクロスする

ボールをクロスするように突き、左右の位置を入れ替える。右回りと左回りを行う

次のページに続く

前ページの続き

ワンドリブルの間に左右

片方のボールを強く突く。その間に反対側のボールを1往復させる

片方のボールを1周させる

左右とも低めにボールを突く。右手のボールは股の下を1周する。逆回りも行う

同時クロス

左右のボール
を同時にクロス
させる

2つのボールを反時計回り

ボールを高く突
きながら反時
計回りに回す。
逆回りも行う

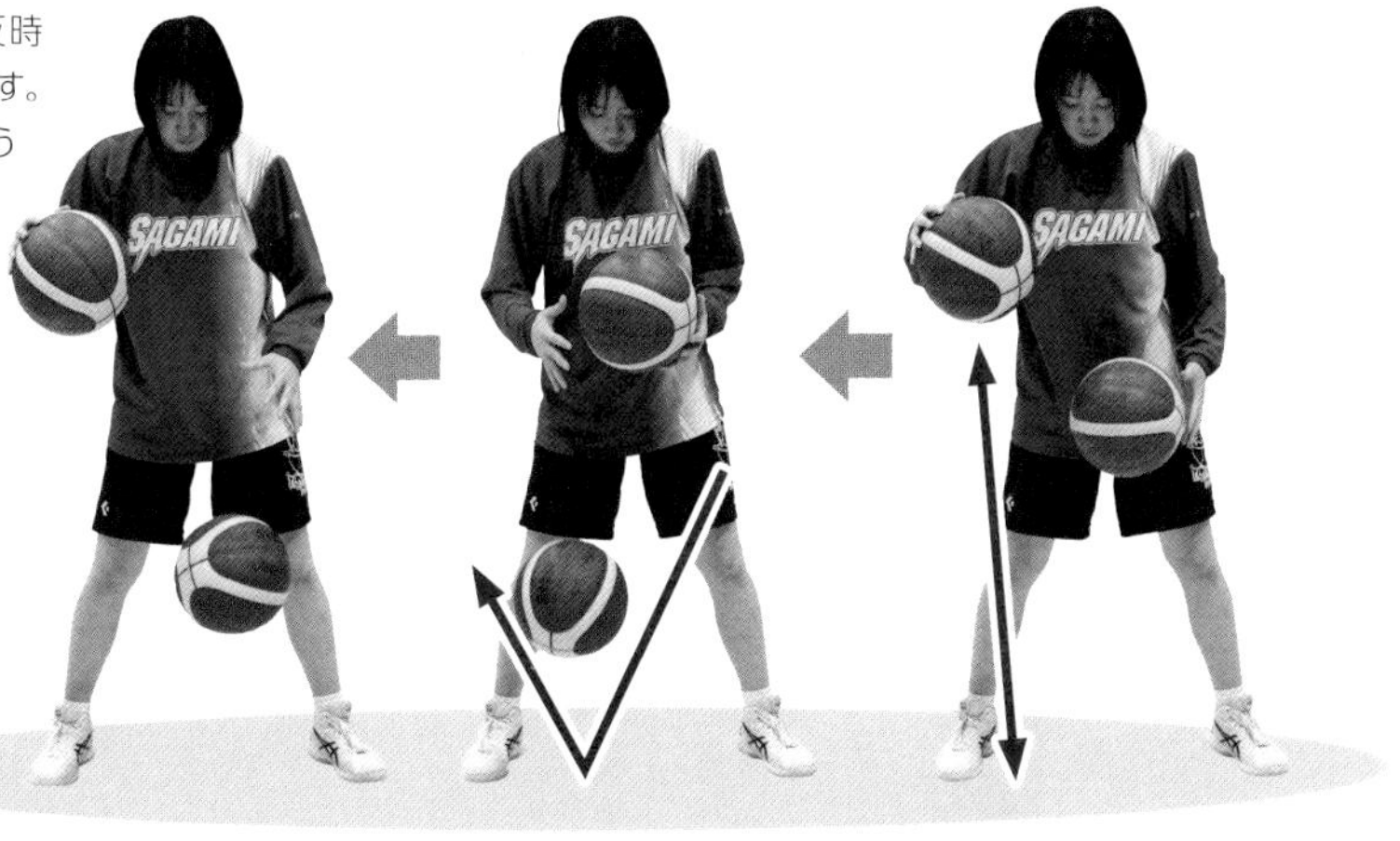

サガジョポイント!

それぞれの動きを5回程度行う

2ボールハンドリングドリルは1つひとつを単体で行うのではなく、すべて連続して行います。慣れないうちは何回かに区切ってやってみましょう。

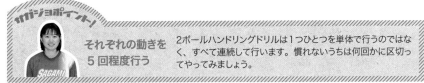

TRAINING 02

1ボール＋メディシンボールドリル

ドリブルをしながらメディシンボールキャッチ①

メディシンボールを下向きに持つ。ドリブルをしながらメディシンボールを落としてからキャッチする

これを
左右5回ずつ
繰り返す

ドリブルをしながらメディシンボールキャッチ②

メディシンボールを上向きに持つ。ドリブルをしながらボールを反対の手に移し、同時にメディシンボールを投げて逆の手でキャッチする

これを
左右5回ずつ
繰り返す

動画はこちらから

ドリブルをしながらメディシンボールキャッチ③

これを
左右5回ずつ
繰り返す

メディシンボールを上向きに持つ。ドリブルをしながらメディシンボールを投げる。素早くショートドリブルで左右にボールを移動させ、投げた手と同じ手でメディシンボールをキャッチする

ドリブルをしながらメディシンボールキャッチ④

これを
10秒ほど
繰り返す

メディシンボールを横向きに持つ。右から左へボールを移しながら、同時にメディシンボールを左から右へ移す。この動きを連続で行う

カガジョポイント!

左右別々の動きを行う

メディシンボールを持ち、左右別々の動きを行います。メディシンボールを見続けるのではなく、ボールが手から離れたら前を見るようにします。QRコードからの動画にはここで紹介したドリル＋αを載せています。

TRAINING 03

レッグスルーでチェンジして進む

レッグスルーでチェンジをしながら進む

少し戻し気味に強くレッグスルーをして、反対側にボールを移して前に進む

常に先のプレーを考えながら行う

サイドラインからサイドラインにドリブルしながらレッグスルーでチェンジするドリルです。ディフェンスもゴールもいない状況で行います。動きながら遠くを見るようにし、1個先のプレーを頭に思い浮かべながら進むようにします。ドリブルハンドリングの要素が高い練習ですが、この後シュートにいってもOKです。レッグスルーだけでなく、ビハインドや3連続でレッグスルー、クロスジャブ、シャムゴッドと5種類の動きを行います。

動画はこちらから

1
次のプレーを考えながら
ドリブルで進む

2
1回ボールを突いたら
レッグスルーで
チェンジをする

3
顔を上げて周辺を
見ながら行う

4
1回ドリブル→
レッグスルーを
繰り返して反対側の
サイドラインまで進む

サガジョポイント！

ドリブルハンドリングを
習慣化する

単調なプレーはすぐに相手に読まれてしまいます。日頃の練習からいろいろなドリブルを練習しておくことで、実践でも瞬時に相手の裏をかくドリブルが取り出せるようになります。

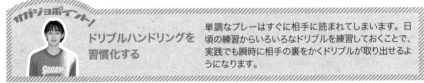

サイドライン間をビハインドで進む

正面から

1
斜め前にドリブルを突く

2
背中側にボールを通す

3
反対側の手にボールを移す

4
１回ドリブル→ビハインドを繰り返して反対側のサイドラインまで進む

動画はこちらから

横から

1
周りの状況を
見ながら
ドリブルを突く

2
背中側に
ボールを通す

3
反対の手に
ボールを移して
斜め前に進む

4
１度ドリブルを
突いてビハインド
を繰り返しながら
進む

サイドライン間を3連続レッグスルーで進む

動画は
こちらから

正面から

1 斜め前に1回
ボールを突く

2 確実にストップして
レッグスルーに移る

3 1回目のレッグスルー

4 2回目のレッグスルー

5 3回目のレッグスルー

6 1回ドリブル→3回レッグスルーを繰り返して反対側のサイドラインまで進む

横から

1 視野を取りながら１回ドリブルを突く

2 １回目のレッグスルー

3 ２回目のレッグスルー

4 ３回目のレッグスルー

5 斜め前に進み１回ボールを突く

6 ３回レッグスルーを行いながら前に進む

TRAINING 06

サイドライン間をクロスジャブで進む

正面から

1 1回ボールを突く

2 フロントチェンジを行う

3 ボールと逆側にジャブを踏む

4 視野を取りながら前に進む

5 再びフロントチェンジを行う

6 1回ドリブル→クロスジャブを繰り返して反対側のサイドラインまで進む

動画はこちらから

横から

1 視野を取り次のプレーを考えながら１回ボールを突く

2 素早くフロントチェンジを行う

3 ボールを移しながらジャブを入れる

4 逆サイドに進む

5 時にはペースをチェンジする

6 この動きを繰り返して前に進む

サイドライン間をシャムゴッドで進む

正面から

1 サイドラインからスタートする

2 ディフェンスを想定して前にボールを突く

3 逆の手でボールを捕る（ドリブルチェンジ）

4 逆方向へ進む

5 前にボールを突く

6 逆の手でボールを捕る。この動きを繰り返して反対側のサイドラインまで進む

動画はこちらから

横から

1 視野を取りながら進む

2 前に1回ボールを突く

3 逆の手でボールを捕りにいく

4 ボールの内側を捉える

5 逆方向にドリブルを突く

6 この動きを繰り返して
前に進む

COLUMN

すべての選手にドリブルが必要

このパートで紹介したコーディネーショントレーニングは、神経系に視点を置いたトレーニング方法で幼少期のほうが身につきやすいという特性があります。そのため大学生や大人になってから身につけようとすると、非常に時間がかかります。

大きい選手は小学生時代や中学生時代にゴール下に張り付いたプレーを指導されることがあります。そうなるとドリブルを突く必要性はほとんどなくなります。ところが世界を基準に見ると、男子であれば身長が２m10cm以上、女子であれば190～195mが高身長であり、５番ポジション（センター）に適していると考えています。

そう考えるとほとんどの日本人選手、特に私が見ている中学生や高校生たちはガードくらいの身長になります。この選手たちが将来を見据えてステップアップしていくためには、必ずドリブルを身につけておく必要があります。そのように考えているため、サガジョではすべての選手にドリブルを突かせ、すべての選手にワンハンドでの３ポイントシュートを打たせています。

PART 4

決めきるためのシュート練習

シュート練習の目的とポイント

シュートの確率と期待値

シュート位置	得点	入る確率	期待値
ゴール下ノーマーク	2	ほぼ100%	2.0点
ペイントエリア内	2	80%	1.6点
ペイントエリア内（競り合い）	2	50%	1.0点
フリースロー	2	70%	1.4点
ロング2ポイント	2	30%	0.6点
		50%	1.0点
3ポイント	3	30%	0.9点
		0.33%	約1.0点
		40%	1.2点
		50%	1.5点

理想　目標

確率と期待値からシュートを考える

シュートの期待値とは、「特定のプレーでどのくらい点が取れる確率があるか」という数値になり、「そのシュートで得られる得点×シュートの成功率」で求められます。中学生の女子バスケのおおその平均を算出したのが上の表です。

私が理想としているシュートは、ペイントエリア内でのシュートとチェックされていない状態での3ポイントシュートで、できればこの2つだけにしたいと考えています。そして目標にしているのは、2点のシュートが50％の確率（期待値1・0点）、3点のシュートが1／3の確率（期待値約1・0点）です。表を見るとゴール下のノーマークでのショットの確率がダントツであり理想ですが、試合ではなかなかできません。そのため2点のシュートは50％程度が妥当だと考えています。そして練習では、このために必要なペイントエリア内でのフィニッシュドリルのような内容が多くなります。

余談になりますが、私たちのカテゴリーとは期待値が変わりますが、バスケットボール男子日本代表のトム・ホーバスHCや女子日本代表の恩塚亨HCも同じような考え方をされていると、いくつかの記事で読んだことがあります。

✕ 内脚で立った場合

強く押されると姿勢が支えられず耐えることができない

○ 外脚で立った場合

強く押されても姿勢を支えて耐えることができる

ディフェンスとの位置関係とコンタクト

先ほど述べたように試合でのペイントエリア内のシュートは、ディフェンスと接触した状態のシュートが多くなります。「抜けた」と思っても、スペースがあると追いかけてきたディフェンスにブロックショットをされる場合があるため、逆にオフェンスからコンタクトする必要もあります。オフェンスとディフェンスの位置関係は、「ディフェンスが横にいる場合」「ディフェンスが前に入ってきた場合」「ディフェンスが後ろにいる場合」がありますが、本書では特に「横にいる場合」と「前に入ってきた場合」に焦点を当てました。「ディフェンスが横にいる場合」は、ディフェンスのあたりに負けないように、ドライブ中もフィニッシュも強くコンタクトしてシュートのコースを確保します。またシュートの最後は外脚で立つ（踏み切る）ことも重視しています。その理由は、上の写真のように外脚で立つと横からの強い力に耐えられるからです。逆に内脚で立っていると、ディフェンスに押された際に体を支えることができなくなります。「ディフェンスが前に入ってきた場合」はユーロステップなどで進行方向を変えるか、急ストップをしてシュートのコースを確保します。このパートではペイントエリア内のシュートフィニッシュを紹介します。ドリルを実践する場合には「ワンハンドで打つ」「両脚か外脚で立つ」という2点を意識してください。

ワンツーパワーステップでシュート

ディフェンスを押し出す

相手を押し出して動けるスペースを作り出す

両脚で踏み切ってシュートを打つ

ディフェンスを押し出してシュート

このドリルはペイントエリアに侵入した際に、ディフェンスが横にいる状態を想定しています。コンテストしてくるディフェンスに対して力強くコンタクトしながらワン、ツーとステップをし、相手を押し出して自分が動けるスペースを作ります。スペースができたらそのままシュートを打ちます。ポイントは両脚で踏ん張ってからシュートを打つことです。相手に力負けしないように、しっかりと押し返してからシュートを打ちましょう。

動画はこちらから

1
ディフェンスを
押し出すつもりで
強くコンタクトする

2
コンタクトして自分が動ける
スペースを作る

3
両脚で踏み切る

4
シュートを打つ

サガジョポイント！

自分から当たりに行く

ディフェンスが横にいる場合、自分からコンタクトしにいきます。ディフェンスをかわすのではなく先に当たりに行くことでシュートへのコースを確保します。

外脚ワンステップでシュート

ブロックショットに来る前に打つ

ワンのタイミングで外脚1本で踏み切る

そのままシュートを打つ

タイミングをずらして打つ

このドリルもディフェンスが横にいる場合のフィニッシュドリルになります。73ページで紹介したように、内脚1本だと相手のコンタクトに耐えることができません。外脚1本で姿勢を支えて耐えるようにします。またこのシュートはディフェンスがブロックショットにくるタイミングを外して打ちます。ディフェンスは通常、ワンツーからブロックショットを狙います。その動きに対してワンステップでシュートを打つことでタイミングを外すことができます。

動画はこちらから

1
コンタクトに
負けないようにして
相手を押し出す

2
その勢いのまま
リングへ向かう

3
外脚１本で踏み切る

4
シュートを打つ

サガジョポイント！

タイミングを外す

このシュートはディフェンスがブロックショットに来る前にシュートを打つことがポイントです。ドリルの中でブロックショットのタイミングを外せる動きを身につけましょう。

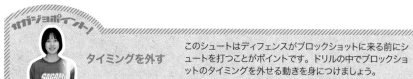

TRAINING
03

ユーロステップからのシュート

2ステップで相手をかわす

ディフェンスと反対側にステップをしてスピードを緩める

一気にディフェンス方向に移動してシュートに持ち込む

緩急を使って相手をかわす

このドリルはディフェンスが前に来たときのフィニッシュドリルになります。ディフェンスが勢いよく前に来た場合にあえてスピードを緩め、緩急を使って相手をかわしてからシュートを打ちます。ワンステップ目をディフェンスと反対方向に切りながらスピードを緩め、ツーステップ目で大きく横方向に動きます。高いブロックを持つディフェンスに対して効果的で、習得すれば試合でも有効です。

動画はこちらから

1
ディフェンスと反対方向に
ステップをしてから
ディフェンス側に切り返す

2
ボールを高く上げて
相手のカットをかわす

3
シュートを打つための
スペースを作り出す

4
シュートを打つ

サガジョポイント！

トトンではなく
トントン

ディフェンスが勢いよく入って来た時に、使うユーロステップ。相手に「反対側から抜くぞ」と思わせておいて、トントンというリズムでフェイントをかけます。トトンというリズムだと引っかかりにくいので注意しましょう！

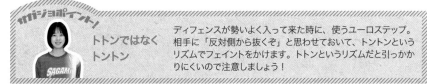

サガジョ

TRAINING
04

アービングステップでシュート

動画は
こちらから

ドリブル後に２ステップでかわす

外側にドリブルを突いた後、２ステップでディフェンスをかわす

ゴールの向こう側からシュートを打つ

タイミングをずらして打つ

このドリルもディフェンスが前に来たときのフィニッシュドリルになります。ディフェンスが勢いよく前に来た場合に、カイリー・アービング選手がよくやっているステップで相手をかわします。外で１回ドリブルを突いた後、ツーステップしてゴールの向こう側からシュートを打ちます。左右どちらの手でも打てるように練習することで、実践でも活用できるようになります。このアービングステップもトトンではなく、トントンのリズムでステップしましょう。

1 外側に１回ドリブルをする

2 ボールを高く上げる

3 勢いづいた相手をいなして
反対側へ

4 反対側にステップする

5 もう１歩ステップする

6 ゴールの反対側から
シュートを打つ

スピンしてからシュート

まずは強くコンタクトする

強くコンタクトしてからスピンに入る

スピンで相手をかわしてシュートを打つ

強くコンタクトしてからシュート

このドリルもディフェンスが前に来たときのフィニッシュドリルになります。ドリブルをし、最後のワンドリブルを強く突きます。そしてディフェンスを押し込んだところからスピンをしてシュートを打ちます。ディフェンスにコンタクトをしてから、シュートをフェードアウェイに打つバリエーションもあります。左右どちらでも打てることと、フェードアウェイ気味に打つことも練習しておきましょう。

動画はこちらから

1 最後のワンドリブルを強く突いてディフェンスを押し込む

2 ディフェンスを押し込んだらスピンに入る

3 首を先行して回すことでスピンが早くできる

4 シュートの体勢に入る

5 スイープ&スウェイでシュートを打つ

6 フェードアウェイで打つバリエーションもある

TRAINING 06

パンチストップからシュート

同じ手と脚が前に出た瞬間にストップ

ドリブルで前に進む

同じほうの手と脚が前に出た瞬間にストップする

瞬時にストップしてジャンプシュート

相手が先にいたり先に行きそうな場合のフィニッシュドリルです。

ドリブルから1回パンチをしてストップをしながら1回ドリブルを突き、ジャンプシュートを打ちます。確実に止まるためには、しっかりとランジの状態を作るようにします。確実に瞬時に止まることができれば、相手ディフェンスとのずれやスペースを作れるため、とても有効なスキルになります。左右どちらかの同じほうの手と脚が前に出た瞬間にストップをします。

動画はこちらから

1 相手が前にいる状況で使えるテクニック

2 視野を広く保ったままドリブルで進む

3 同じほうの手と脚が前に出た瞬間

4 ボールを突きながら確実にストップする

5 素早くシュートモーションに入る

6 ジャンプシュートを打つ

TRAINING 07

アンダードラッグしてシュート

ボールを持ち変えてステップバックからシュート

1 確実にパンチからストップする

2 腰の高さを変えずにレッグスルーを入れる

3 素早くステップバックする

4 ジャンプシュートを打つ

動画はこちらから

1 ドリブルで前に進む

2 腰の横辺りに強くボールを突いてパンチストップ

3 低くボールを突いてレッグスルーを入れる

4 ステップバックしてシュートを打つ

アンダードラッグしてシュートを打つ

これも相手が先にいたり、先に行きそうな場合のフィニッシュドリルです。

前のドリルと同様にドリブルから1回パンチストップをします。その後レッグスルーをしてボールを反対の手に移し、ステップバックしてジャンプシュートを打ちます（アンダードラッグ）。腰の横辺りにパンチをするように強くボールを突き、腰の高さを変えずに素早くレッグスルーを入れます。すかさずステップバックしてディフェンスと距離を取り、ジャンプシュートを打ちます。

TRAINING 08

レッグスルーから複合技でシュート

1 レッグスルーを入れる

2 フロントチェンジでボールを動かす

レッグスルーの連続からプッシュクロスでシュート

これも相手が先にいたり、先に行きそうな場合のフィニッシュドリルです。

まずはレッグスルーを入れ、フロントチェンジをしてからドリブルで仕掛けます。そしてパンチストップからプッシュクロスを入れ、シュートを打ちます。ポイントはプッシュクロスを仕掛ける前に、リングを見てシュートフェイクを入れること。このときに本気で打つつもりでフェイクを入れることで相手をつらせることができ、プッシュクロスで抜きやすくなります。

動画はこちらから

3 ドリブルで仕掛ける

4 パンチストップで一気に止まる

本気で
シュートを打つ
つもりで行う

5 シュートフェイクを入れる

6 プッシュクロスを入れて
ボールを動かす

7 ディフェンスを抜いて
フリーの状態を作る

この動きを
5回ほど
繰り返す

8 素早くシュートを打つ

背中タッチで1on1

背中にボールをつけた状態からスタート

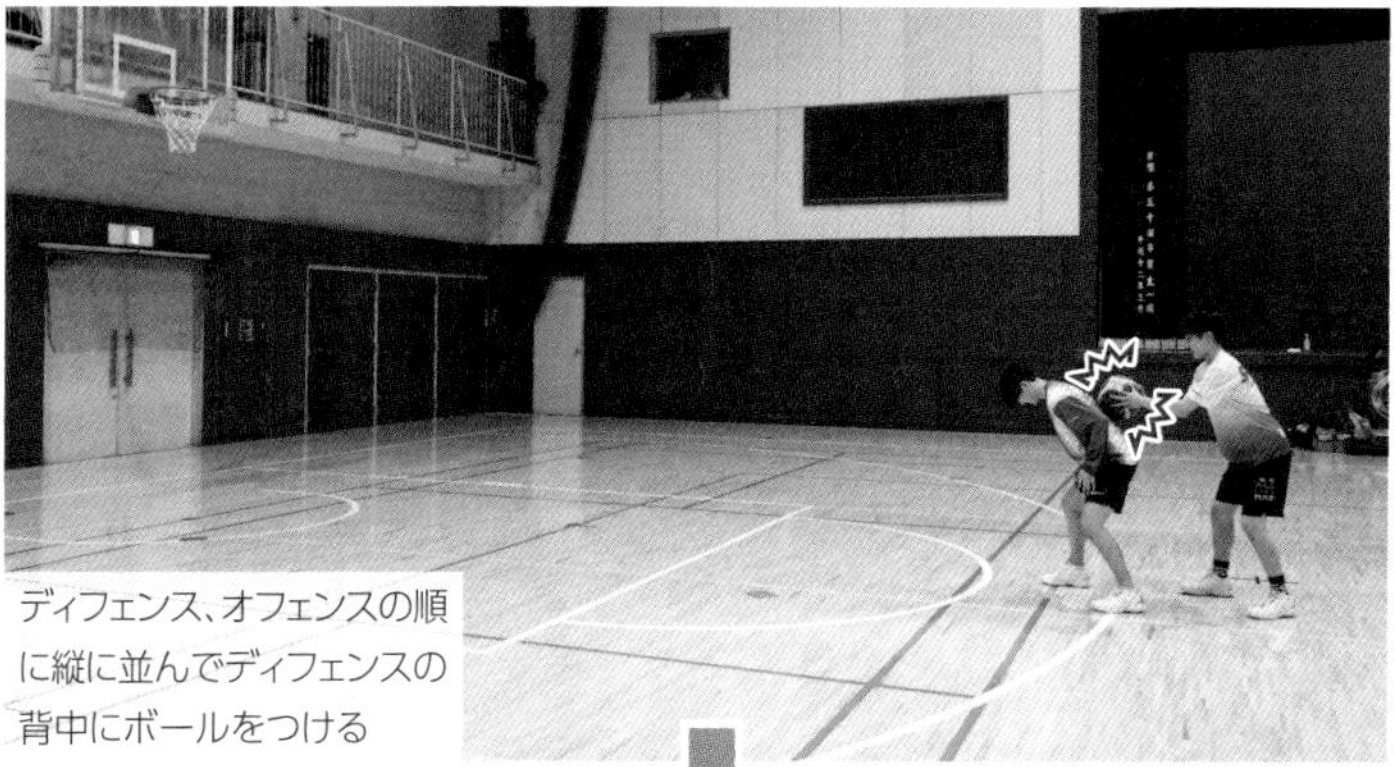
ディフェンス、オフェンスの順に縦に並んでディフェンスの背中にボールをつける

合図で1on1をスタートする

フィニッシュまでの実践練習

これまで紹介してきたシュートフィニッシュを使った実戦練習です。ディフェンス役とオフェンス役が前後に並び、合図でスタートします。オフェンスは様々なテクニックを駆使してゴールを狙い、ディフェンスはシュートを阻止します。攻め方がパターン化しないように行ってください。選手の組み合わせによって難易度や練習の質が変わるため、どの選手同士を組み合わせるのかという判断を行う必要があります。

動画はこちらから

1
スタートしたら本気で攻め、本気で守る

2
オフェンスは様々なテクニックを駆使して得点を狙う

3
攻め方がパターン化しないように注意する

この動きを
5分ほど
繰り返す

4
シュートを打ったらオフェンスとディフェンスを交代する

サガジョポイント！

いろいろなルールで行う

１回オフェンスがシュートを打ったらディフェンスと交代するやり方が基本ですが、サガジョでは他のルールも採用しています。詳しいことはこの後のコラムで解説します。

COLUMN

背中タッチで1on1の3つのルール

前のページで紹介した「背中タッチで１on１」ですが、選手の交代方法を変えることで練習の目的を変えることができます。サガジョで行っている方法は、①１回ずつ交代（オフェンス→ディフェンス）、②勝ち残り、③負け残りです。

１回ずつ交代は基本的な方法です。すべての選手がオフェンスもディフェンスも練習できます。２つ目の勝ち残りは、勝った選手がオフェンスを続けていく方法です。この方法では、新しく入る選手がディフェンスから入るので、そこで相手を止めないとオフェンスができません。勝てばずっとオフェンスができますが、一度もオフェンス練習できない可能性があるというデメリットがあります。３つ目の負け残りでは、負けた選手がずっとディフェンスになります。この方法では、新しく入る選手はオフェンスからになります。必ずオフェンス練習ができますが、勝つと抜けるためディフェンス練習ができない可能性があります。この３つの方法を最初の５分は負け残り、次の５分は勝ち残りなどのように、選手の能力差や育てたい力などを考えて組み合わせて行うとよいでしょう。

パート４で紹介したフェニッシュドリルから背中タッチ１on１までを続けて行うことで練習に流れができ、基本練習から実践練習までをつなげることができます。本書で紹介する内容をそのまま行っていただいてもよいのですが、効果がある練習だけを取り入れたり、自分たちの工夫で新たな方法を作るなどもよいかと思います。

PART

5

プレーの精度を高める判断力の向上

判断力練習の目的とポイント

3人(味方1人と相手2人)の状況を把握する

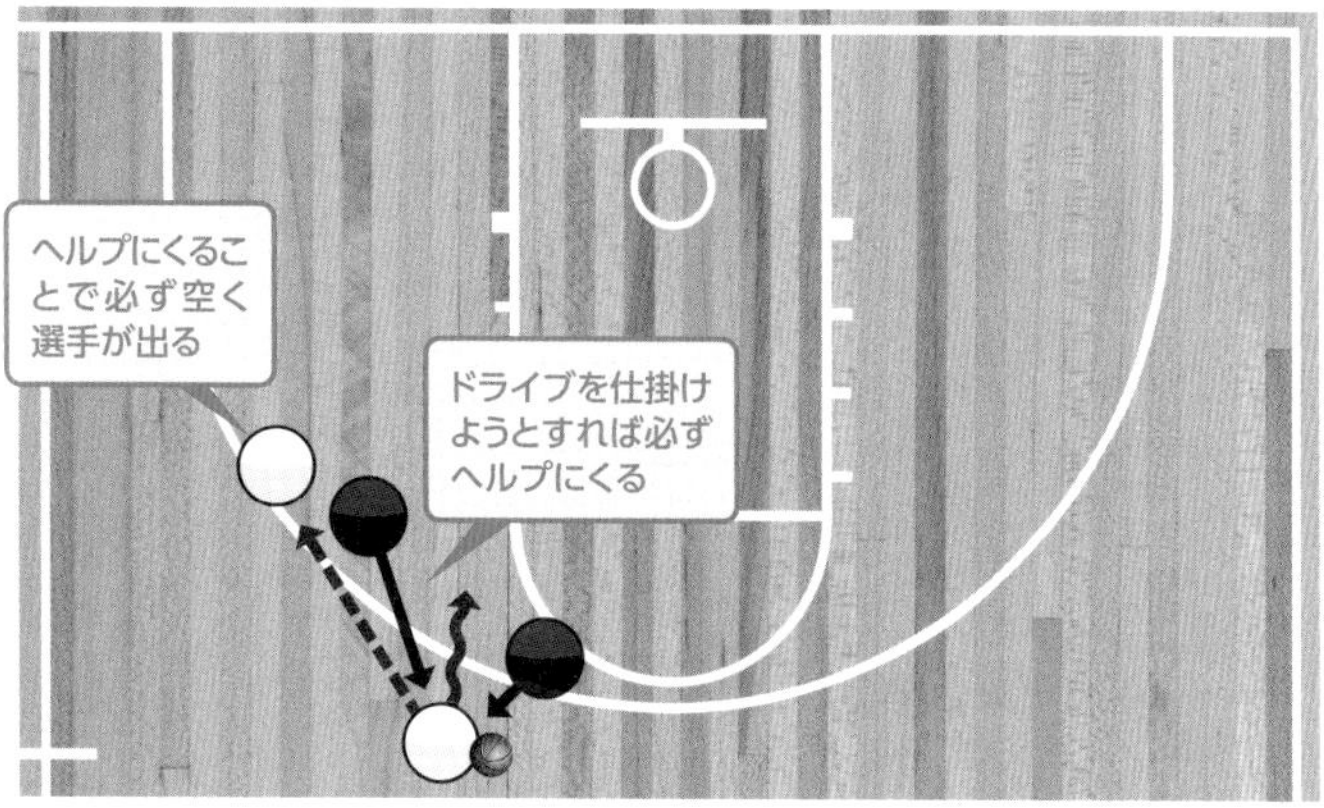

ヘルプにくることで必ず空く選手が出る
ドライブを仕掛けようとすれば必ずヘルプにくる

自分以外の3人を見て状況を判断する

バスケットボールは1対1の競技ではないため、有利な状況の選手がいたら、相手は必ずその有利さを消そうとしてきます。オフェンスが有利であれば、1人のディフェンスをかわしても2人目、3人目と必ずヘルプに来るのです。そのためヘルプが絶対にこれない位置であれば、全力で加速をしたほうが得点の確率が高くなります（ダウンヒル状態）。そのためにはできるだけ早くトップスピードに乗れる練習や、ドライブの練習を通しての判断力を磨くことが必要になります。

ディフェンスのポジショニングを見た時に、上の図のように2対2の状態で一人がカバーに来れば、誰かが必ず空いています。その判断ができれば、ドライブを続けるのか、パスをしたほうがよいのかという選択ができます。

理想としては自分以外の9人（味方4人と相手5人）とレフリーのポジショニングを把握することですが、これは中学生には非常に難しいため、まずは2対2で味方1人と相手2人の3人を見られるようにしたいものです。

よくサッカーと比較をするのですが、サッカーは状況を判断し、ボールを見ながら蹴り出します。つまりボールを見る瞬間があるため、その時間は相手が見えなくなり、相手の動きを予測するしかありません。そうなると見ていないうちに相手が止めに来ていること

×
味方だけしか見ていないとディフェンスの動きが把握できない
○
ディフェンスを見ることを中心にしつつ味方の状況を把握する

があります。ところがバスケットボールの場合には、周りの状況を判断しながらパスを出すことができます。そう考えるとバスケットボールの状況判断はサッカーよりもやりやすいと言えるでしょう。

状況を見られるからこそ味方オフェンスを見ることが多い

サッカーと比べて状況判断がしやすいバスケットボールですが、状況が見えるからこそ、オフェンスを見てしまう選手が多いと感じています。だからこそオフェンスではなく、ディフェンスを見る練習が必要になります。

どの競技でもそうですが、判断ができる時間を長く取れるほど間違いやミスが少なくなります。ドライブで仕掛ける際にも先ほどの3人のポジショニングが把握できていれば、「そのままいくのか」「パスをするのか」などの対処をすることができます。ところが味方しか見ていなければ、突然相手が表れるように感じます。

繰り返しになりますが、判断力を磨くためのポイントはディフェンスを見ることにつきると考えています。日頃の練習からディフェンスを見ることを習慣化し、できるだけ常に3人（味方1人と相手2人）の状況を把握する能力を磨いていきましょう。

TRAINING 01
サークル3on2

選手の配置

フリースローサークルの中に2人のディフェンスが入り、その外周上に3人のオフェンスが位置する

2人のディフェンスの状況を把握しながらパス回し

フリースローサークルの中に2人のディフェンスが入り、その外周上に3人のオフェンスが位置します。そこからディフェンスの1人はボールを取りにいき、もう1人のディフェンスはパスコースをふさぎます。そのディフェンスの動きを見て判断をしながら、オフェンス側はボールを回していきます。基本になるのはディフェンス2人の動きを同時に把握することです。ボールが取られてしまったらその選手がディフェンスと交代します。

動画はこちらから

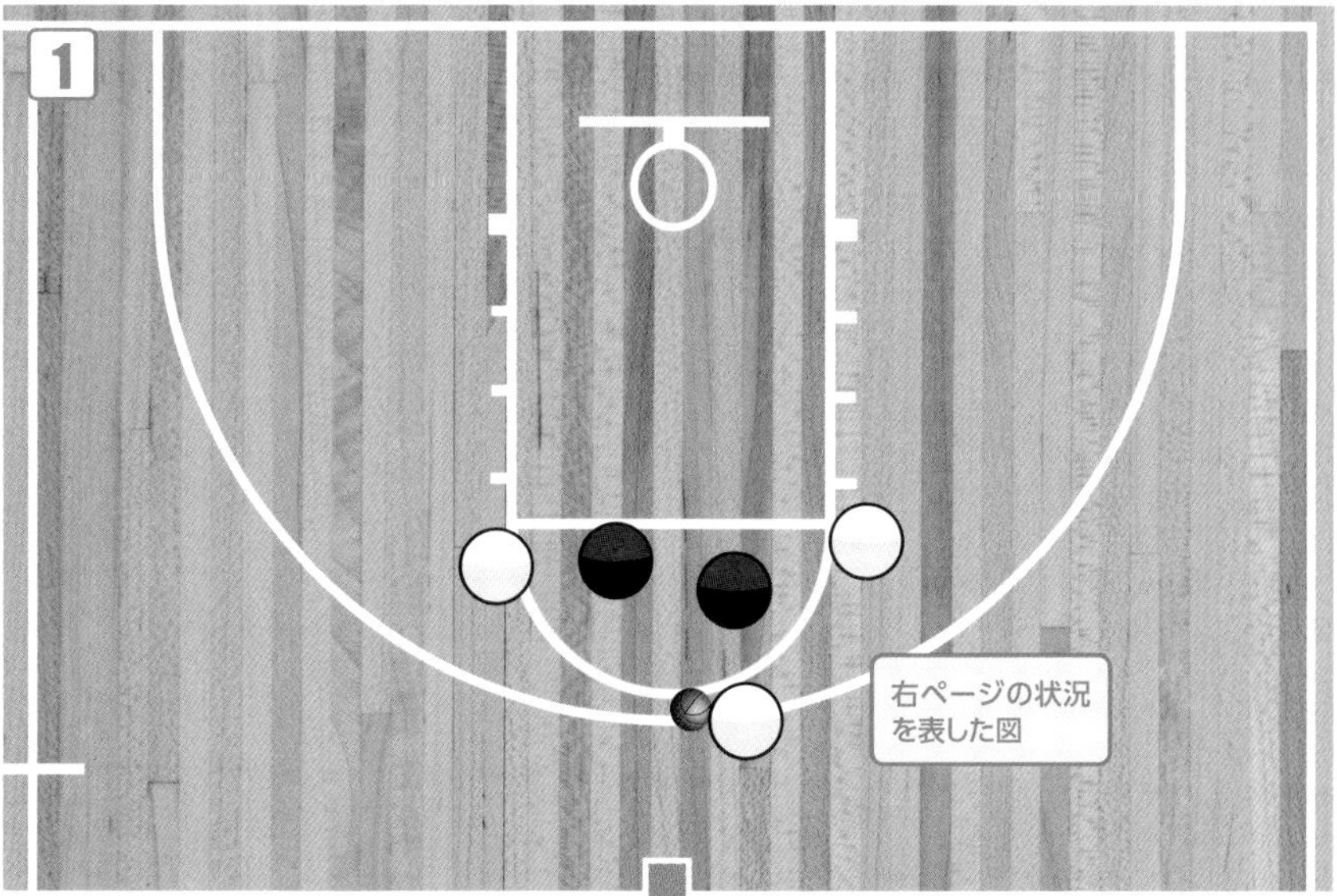
1
右ページの状況
を表した図

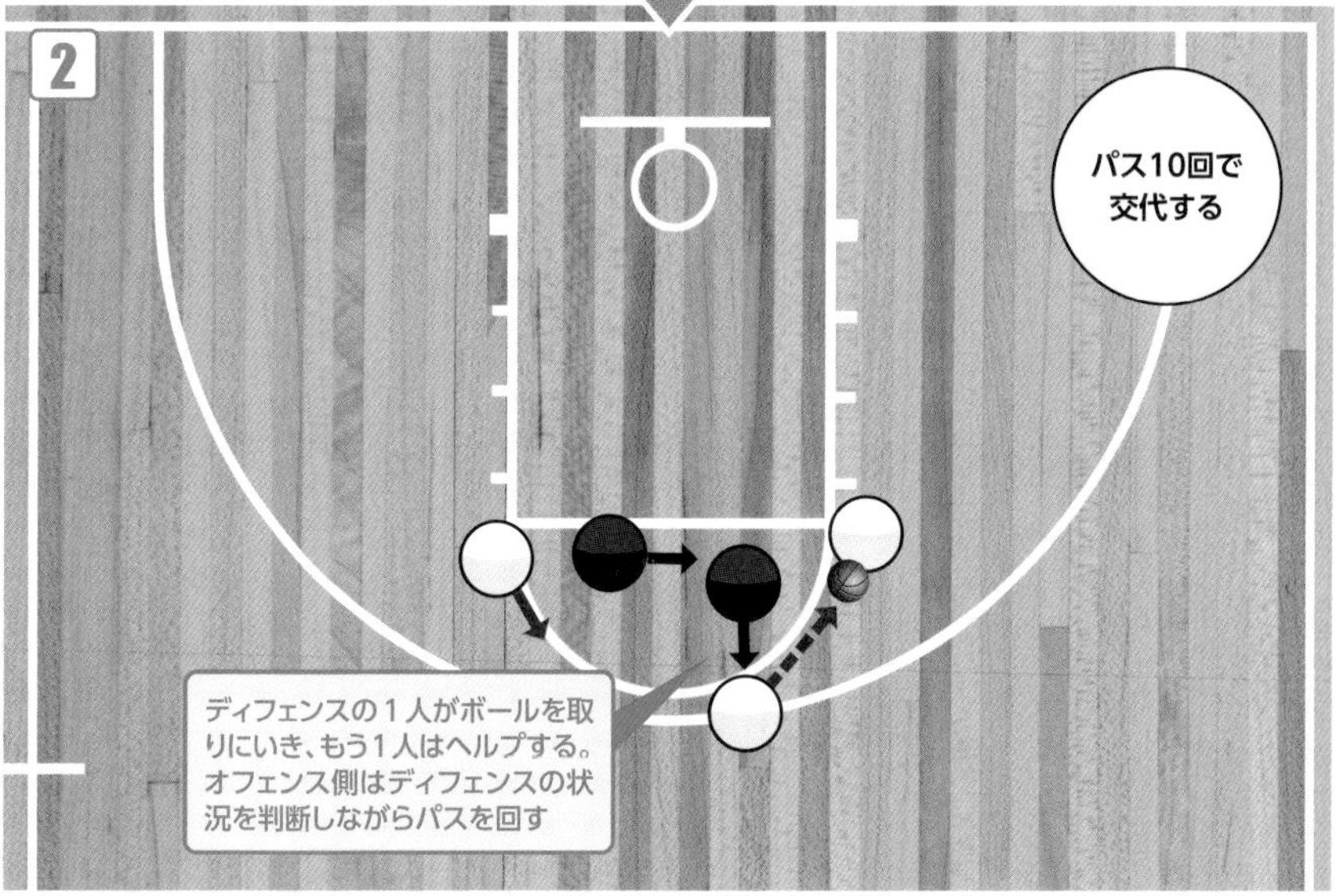
2
パス10回で
交代する
ディフェンスの１人がボールを取
りにいき、もう１人はヘルプする。
オフェンス側はディフェンスの状
況を判断しながらパスを回す

サガジョポイント!

SAGAMI

デイフェンスを見る習慣をつける

パスをするときにはオフェンスを見がちですが、後ろの2対1のディフェンスがどのように動くのかをよく見てパスをしましょう。

TRAINING 02

ディフェンスありの2メン

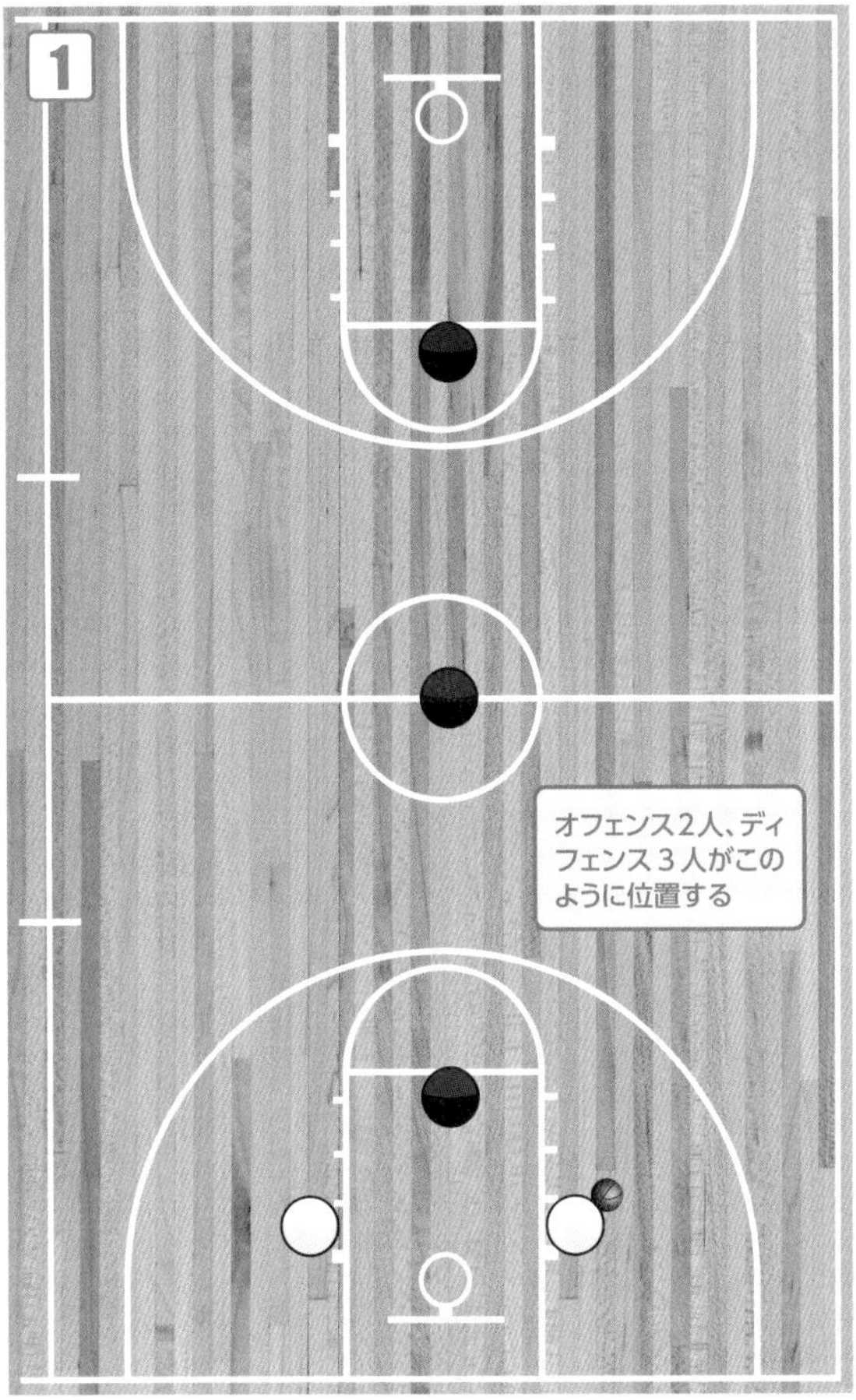
1
オフェンス2人、ディフェンス3人がこのように位置する

パスを交換しながら反対側のリングへ向かう

動画はこちらから

上の図のようにオフェンスが2人、ディフェンスが3人で行う練習です。オフェンスはベースラインかリングの横辺りからスタートします。ディフェンスはフリースローサークル、センターサークル、反対側のフリースローサークルに位置します。ディフェンスが動けるのはサークル内だけです。その条件でオフェンスはパス交換しながらゴールを目指し、最後はシュートで終えます。フル加速の状態で状況を判断する能力を養います。

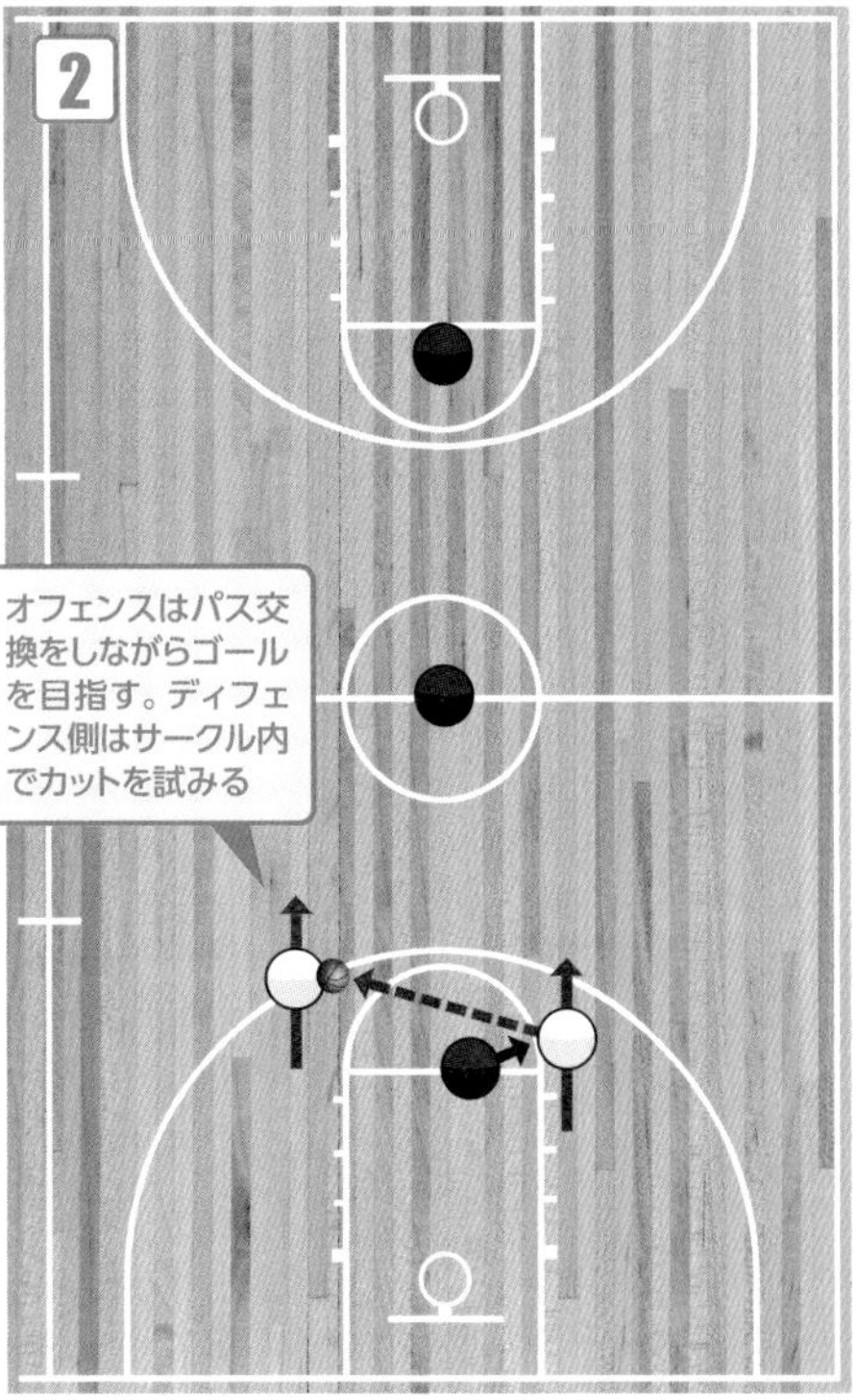
2
オフェンスはパス交換をしながらゴールを目指す。ディフェンス側はサークル内でカットを試みる

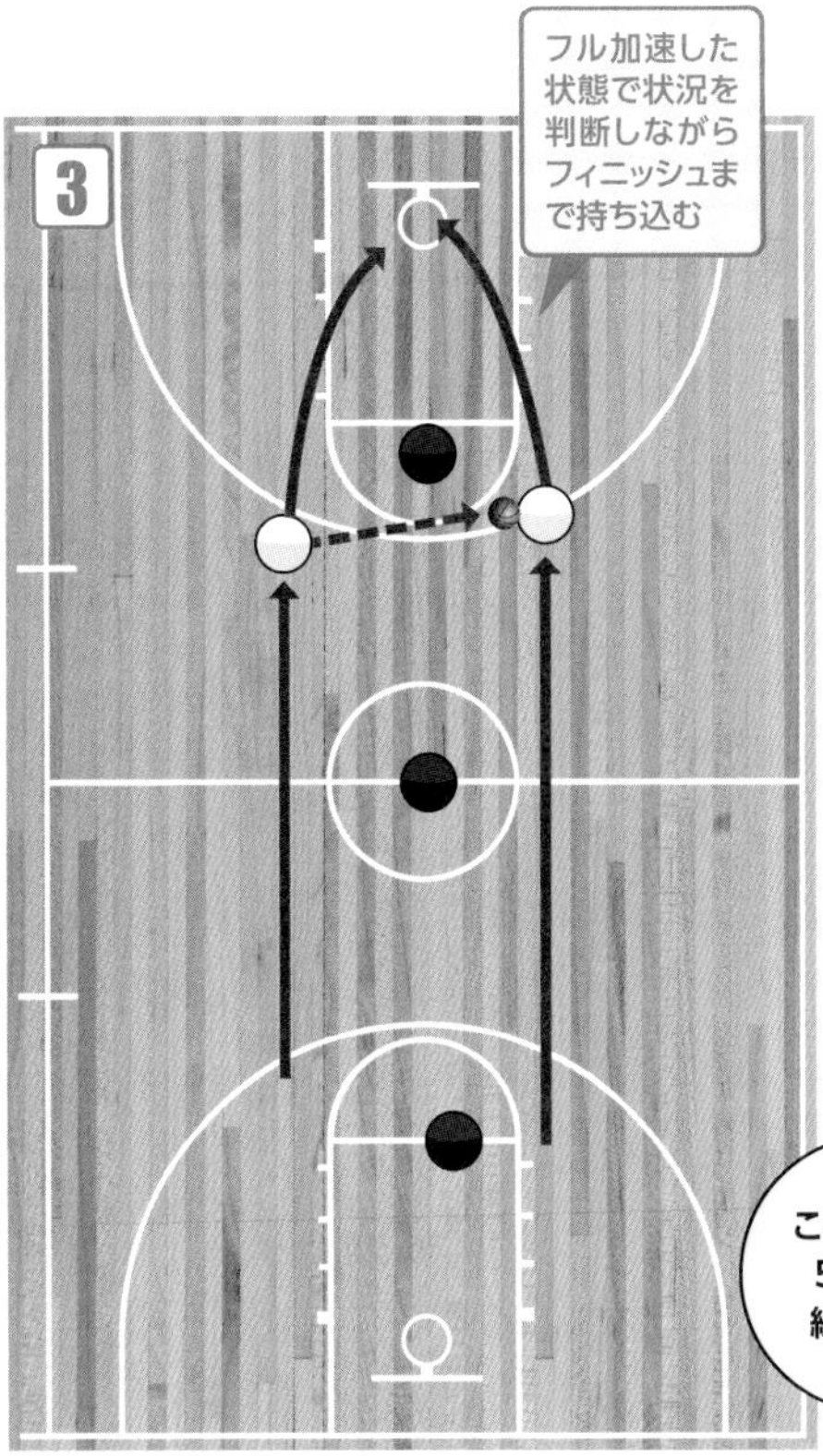
3
フル加速した状態で状況を判断しながらフィニッシュまで持ち込む

この動きを
5分ほど
繰り返す

サガジョポイント！

SAGAMI

全力で走りきる！

試合で使える技術にするためには、全力で走りながら状況を判断することが大切です。周りの選手が声を出しながら、フル加速でやりきる環境を作りましょう。

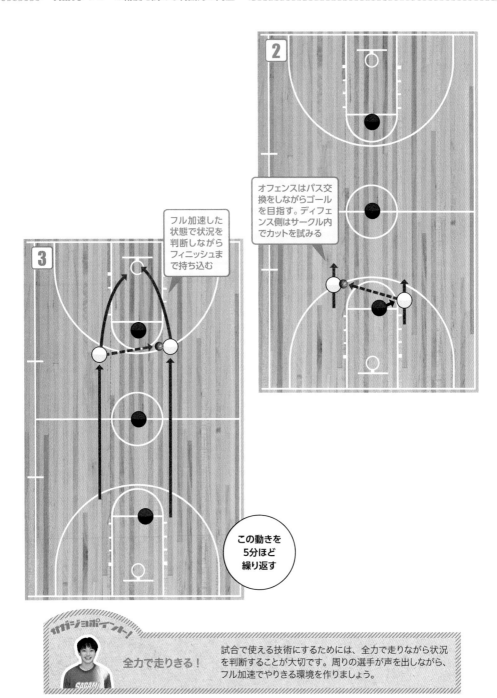

ベースラインドライブ2 on 2 ① ポスト

選手の配置

コーナーにボールを持った選手が立つ。オフェンス2人、ディフェンス2人で行う

全力で走りながら瞬時に状況を判断する

コーナーにボールを持った選手が立ち、オフェンス２人とディフェンス２人で行う練習です。１人のオフェンスはディフェンスよりも少し前に位置します。合図に合わせてオフェンスはコーナーへボールを取りに行きますが、ディフェンスもオフェンスを追いかけます。ボールを取ったオフェンスは状況を判断しながら自分で仕掛けるか、味方を使うかを選択してシュートを狙います。基本的には自分がシュートに持ち込むことを狙って行います。

動画はこちらから

1
合図でボールを取りに行く。ボールを持った選手がオフェンス側の手でボールを持つことで、オフェンスが有利な状況になる

2
ヘルプのディフェンスを見ながら自分でシュートに行くか味方を使うかを判断してゴールを狙う
この動きを3分ほど繰り返す

サガジョポイント！

はじめから パスを狙わない

すぐにパスの判断をしてしまうとアタックのスピードが落ちてしまいます。基本は自分でゴールを狙い、全力で動くことを心がけましょう。

ベースラインドライブ2 on 2 ② コーナー

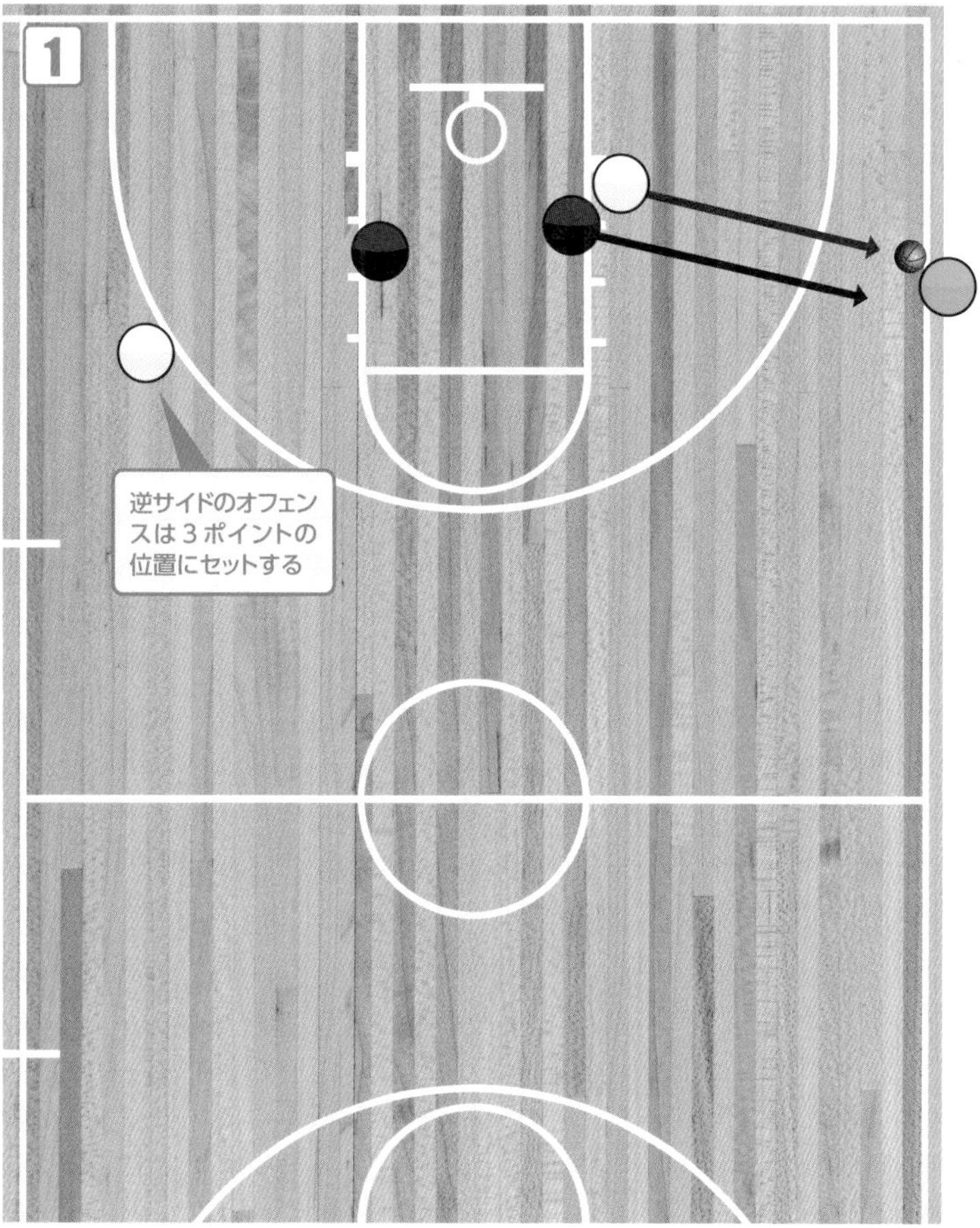
1
逆サイドのオフェンスは3ポイントの位置にセットする

アタックを仕掛けるか3ポイントかを選択する

100ページの練習のバリエーションです。逆サイドのオフェンスが3ポイントの位置にセットして2対2を行います。オフェンスが有利な状況でスタートをし、ボールを取ったオフェンスは自分でアタックを仕掛けます。ディフェンスのヘルプが詰めてきてシュートが打てなければ味方へパスを出し、3ポイントを狙います。3ポイントを打つ選手はドライブする選手から見えるようにコーナーへ移動し、すぐに3ポイントを打てる準備をしておきます。

動画はこちらから

2

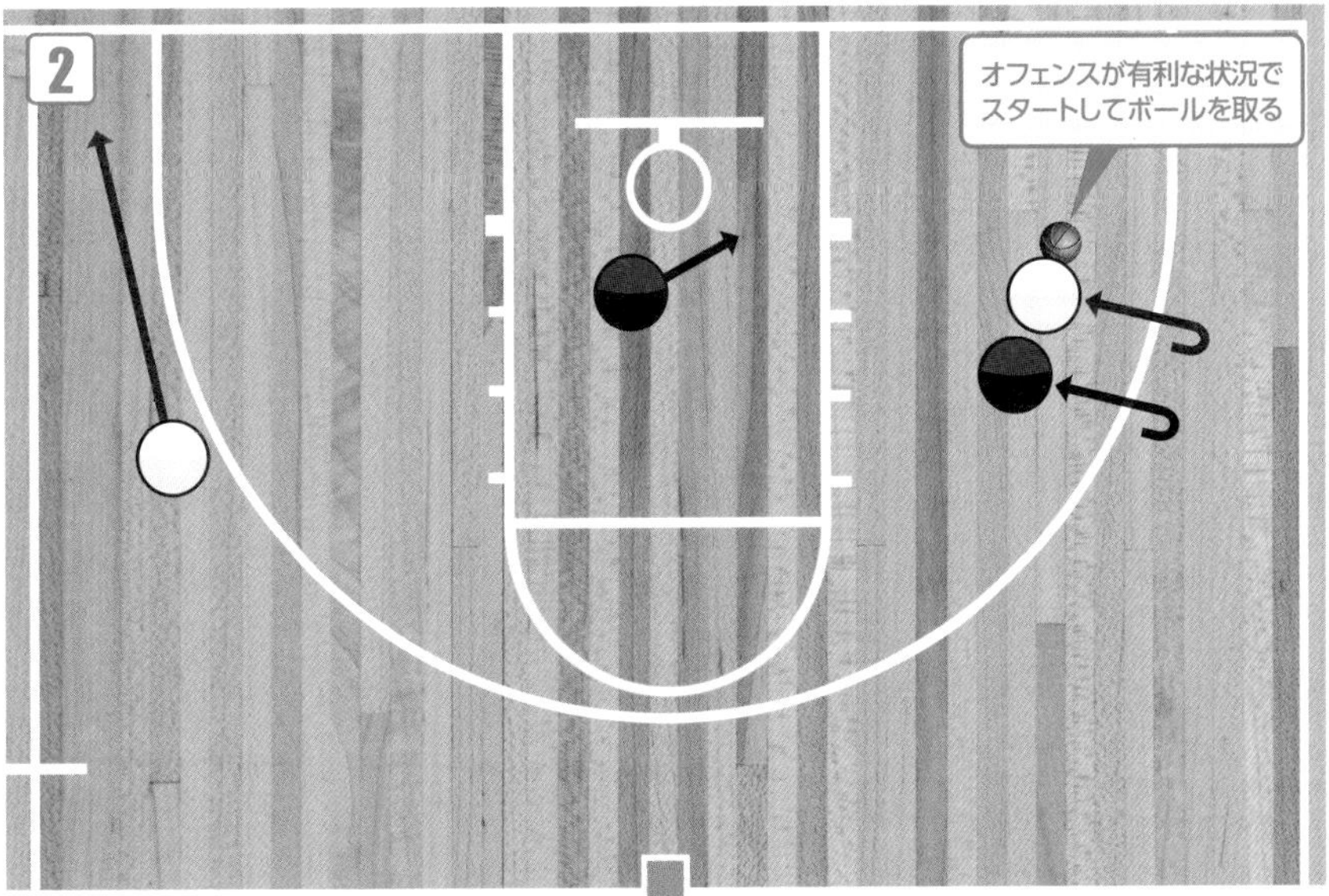
オフェンスが有利な状況で
スタートしてボールを取る

3

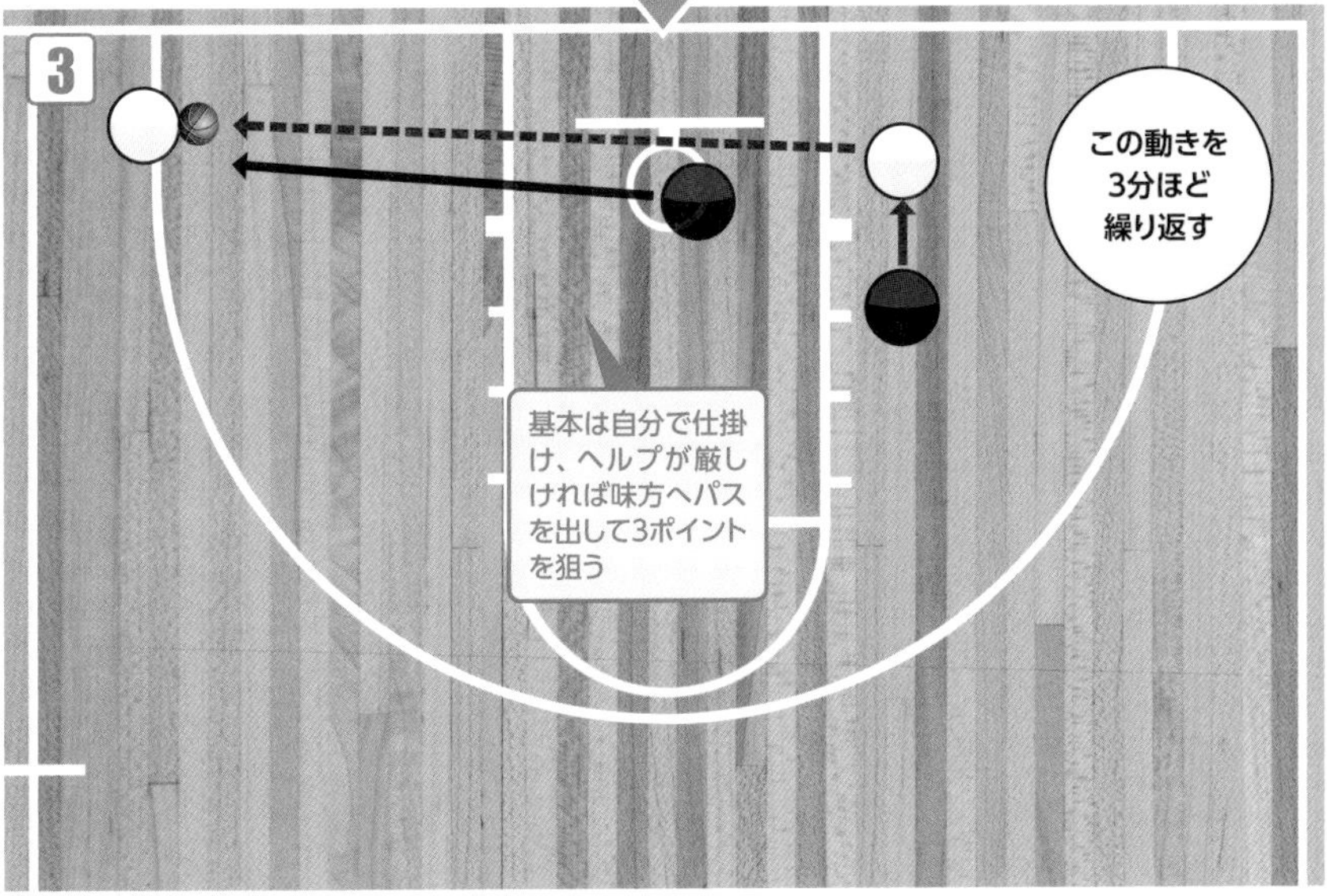
この動きを
3分ほど
繰り返す
基本は自分で仕掛け、ヘルプが厳しければ味方へパスを出して3ポイントを狙う

サガジョポイント！

3ポイントを狙う選手はすぐに動き出す

3ポイントを打つ選手が途中で動き出すと、動きながらシュートを打つため精度が下がってしまいます。そのためドライブが始まったらすぐにコーナーへ移動して準備をしておきます。

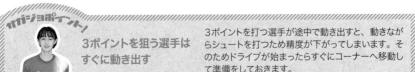

TRAINING 05

ベースラインドライブ3on3

1
オフェンスは逆サイドのローポストと3ポイントにセットする

逆サイドのディフェンスの動きで判断する

この練習も100ページのバリエーションです。オフェンスが逆サイドのローポストと3ポイントにセットして3対3で行います。ローポストの選手が間③に、逆サイドの選手がコーナーに合わせて動きます。ドリブルしている選手がディフェンスの動きを見て状況を判断し、どちらかの味方にパスを出します。逆サイドのディフェンスがどちらに動いたかを全速力でドリブルしながら判断するため、難易度が高くなりますが、より実践的な練習になります。

動画はこちらから

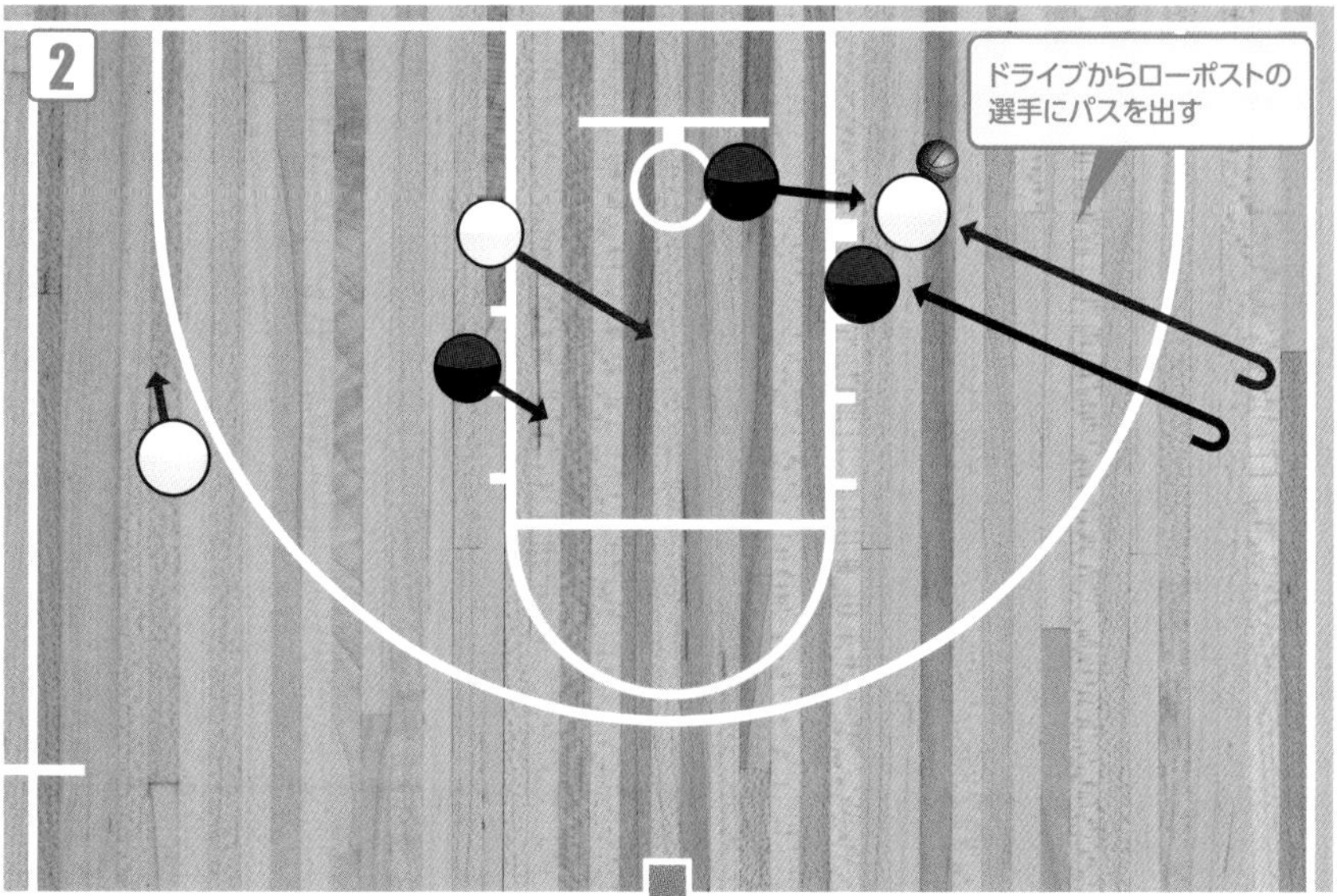
2
ドライブからローポストの選手にパスを出す

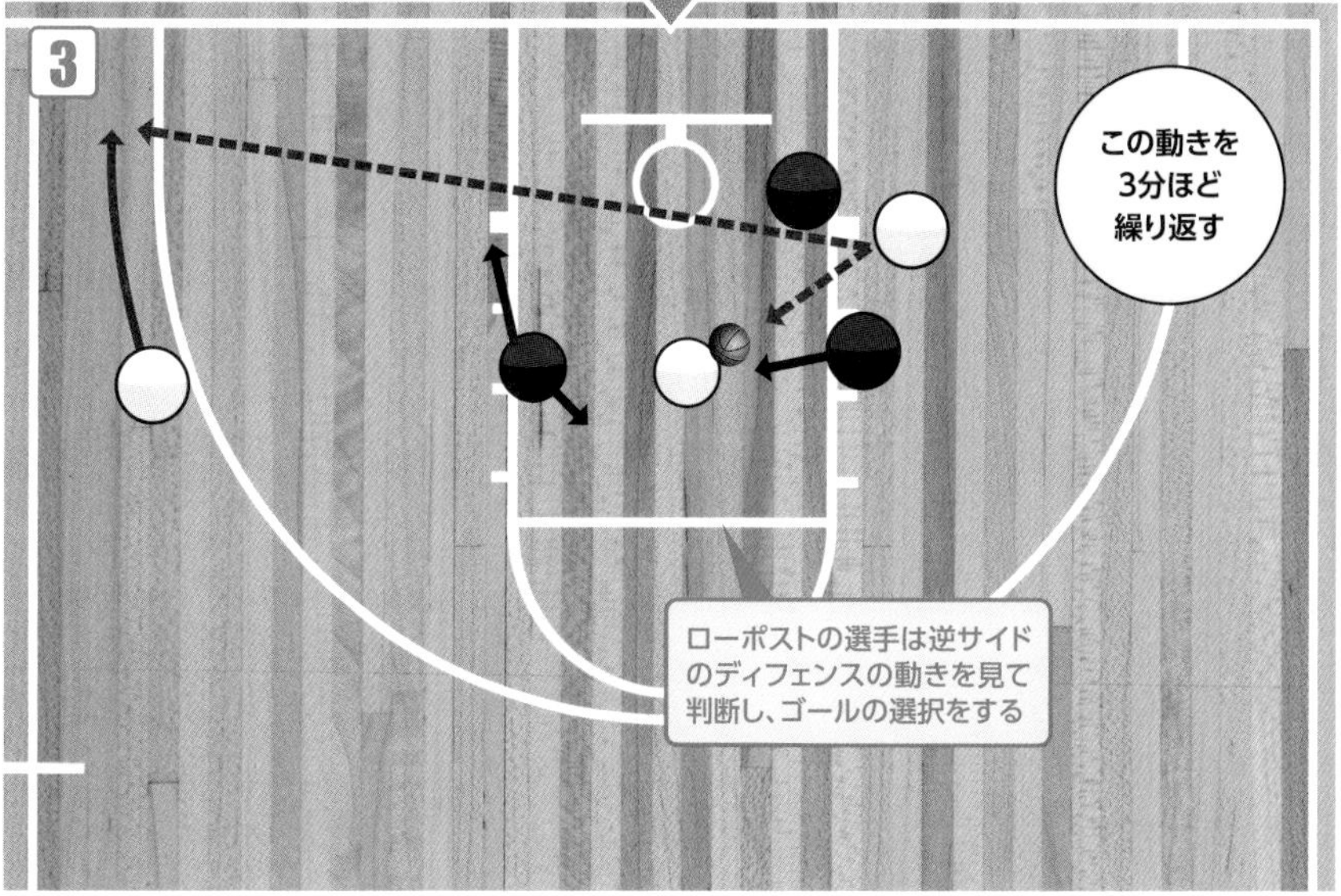
3
この動きを3分ほど繰り返す
ローポストの選手は逆サイドのディフェンスの動きを見て判断し、ゴールの選択をする

SAGAMI

カガジョポイント！

より複雑な4対4の練習

この練習は3対3でしたが、45度付近にオフェンスを入れた4対4の練習バリエーションもあります。3対3の練習に慣れてきたら、ぜひ4対4にも挑戦してください。

COLUMN

3対3の別バリエーション

104ページの別バリエーションも紹介しておきます。3対3でローポストにいた選手を45度に位置させます。その状況でスタートし、コーナーの選手がシュートを打てなかった場合には、45度にいる選手がエキストラパスを受けて3ポイントを狙います。またドライブを仕掛ける選手はコーナーだけでなく、最初から45度の選手へのパスを狙うことも選択肢として持っておきましょう。

PART 6

失点を減らすための ディフェンスの基礎

ディフェンス練習の目的とポイント

ボールを「持たれる」ではなく「持たせる」

ゴールから遠い位置でボールを持たせることで簡単にシュートを打たれることを防ぎ、より多くの時間が使える

「3つの削る」をやり続けることで守りきる

ディフェンスを考えたときに前提となるのが、相手チームが格上だということです。そのうえで「簡単にシュートを打たせないことでショットクロックを削る」「体力を削る」「この2つをやり続けることで気力を削る」という「3つの削る」を大事にしています。試合中はもちろん相手がボールを持つ時間があります。理想的には、ボールを「持たせない」となりますが、それがなかなか難しく結局「持たれる」ことが多くなります。そこで、「持たれる」ではなく「持たせる」にします。「持たれる」というのは、簡単にシュートを打たれてしまうような位置やシチュエーションでボールを持たれないことを意味します。「持たせる」というのは、そこでボールを持たれても簡単にはシュートを打たれない位置や場所を意味します。つまりリングの遠くでボールを持たれることですが、その位置でボールを持たせることで、時間を削ることにもつながります。別な言葉にすると、「持たれる」とはゴールにミートされることで、「持たせる」とはゴールの遠くで持たせることであり、最悪ミートされてもよいのでゴールではなくボールにミートさせてついていくような意味になります。そのためにはこのパートで紹介する3線2線のディフェンスなどが非常に重要になります。

1試合辺りの失点の簡略表

	中学バスケ		高校バスケ	
1回の攻撃時間	20秒	15秒	20秒	15秒
1分間の攻撃回数	3回	4回	3回	4回
1Qの時間	8分		10分	
総攻撃回数	24回	32回	30回	40回
1チーム辺りの攻撃回数	12回	16回	15回	20回
1Q辺りの得点	12点	16点	15点	20点
1試合の得点	48点	64点	60点	80点

1回の攻撃にかかる時間を考えると、このような得失点が算出できる（ポイントパーポゼッションが1点の前提）

できるだけ攻撃に20秒かけさせる

近年の中学も高校もサガジョが負けた試合で、60点以上の失点はあまりありません。これは結果的にポゼッション（※）が少なくなっていると言えるでしょう。ポゼッション数を増やしてハイスコアを目指す戦略もありますが、私にとってはその戦略はリスクが大きいと感じるため、とにかくディフェンスで24秒粘ることをベースに考えています。ポイントパーポゼッション（得点効率）で1点というのはかなり高い数値になるのですが、その数値で考えると上の表のようなことが言えます。非常に単純な計算ですが、20秒や15秒でオフェンスが1回あると仮定します。1回の攻撃が20秒かかると、中学生であれば1試合で48失点、高校生であれば60失点ということになります。1回の攻撃辺り20秒粘ることができずに15秒でシュートを打たれたとしても、中学生であれば1試合で64点程度になります。そう考えると中学の試合では、1試合の失点を60点未満に抑えることが1つの目安となります。

※片方のチームがボールコントロールを得てから、ボールコントロールが相手チームに移るまでのことを指す

TRAINING 01

サークルディフェンス①左右

この練習の動き

フリースローサークルを使って２歩で左右に素早くステップする

素早く2ステップで左右に動く

フリースローサークルを使ったディフェンスのステップの練習です。試合では素早く左右どちらにでも動く必要がありますが、この練習はそのための形を作ることが目的です。

進行方向に対して反対側の足で蹴り出すスライドステップで行います。確実に3歩のステップで左右への移動を繰り返します。蹴り出す足は母指球で蹴るのではなく、足の裏全体を床につけて、股関節・お尻ともも裏の筋肉を使います。

動画はこちらから

サークルの横に立った選手にタッチした状態から行う。3 歩でサークルの反対側まで移動をし、3 歩で戻ってタッチする動きを繰り返す。

TRAINING 02

サークルディフェンス②ダイヤモンド

ダイヤモンドの動き1

斜め後ろ、斜め後ろ、前の順に動く。右回りと左回りを行う

フリースローサークル内でダイヤモンドの動きを行う

これもディフェンスステップの形を身につける練習です。

今度はフリースローサークル内で三角形を描くようにステップをします。図のように合計で4つの方向に動きます。

この練習も3歩ステップをして大きく動きます。動いたら素早く切り返してステップをする方向を変えます。この練習では素早く切り返す動きを身につけることが目的になります。

動画はこちらから

ダイヤモンドの動き2

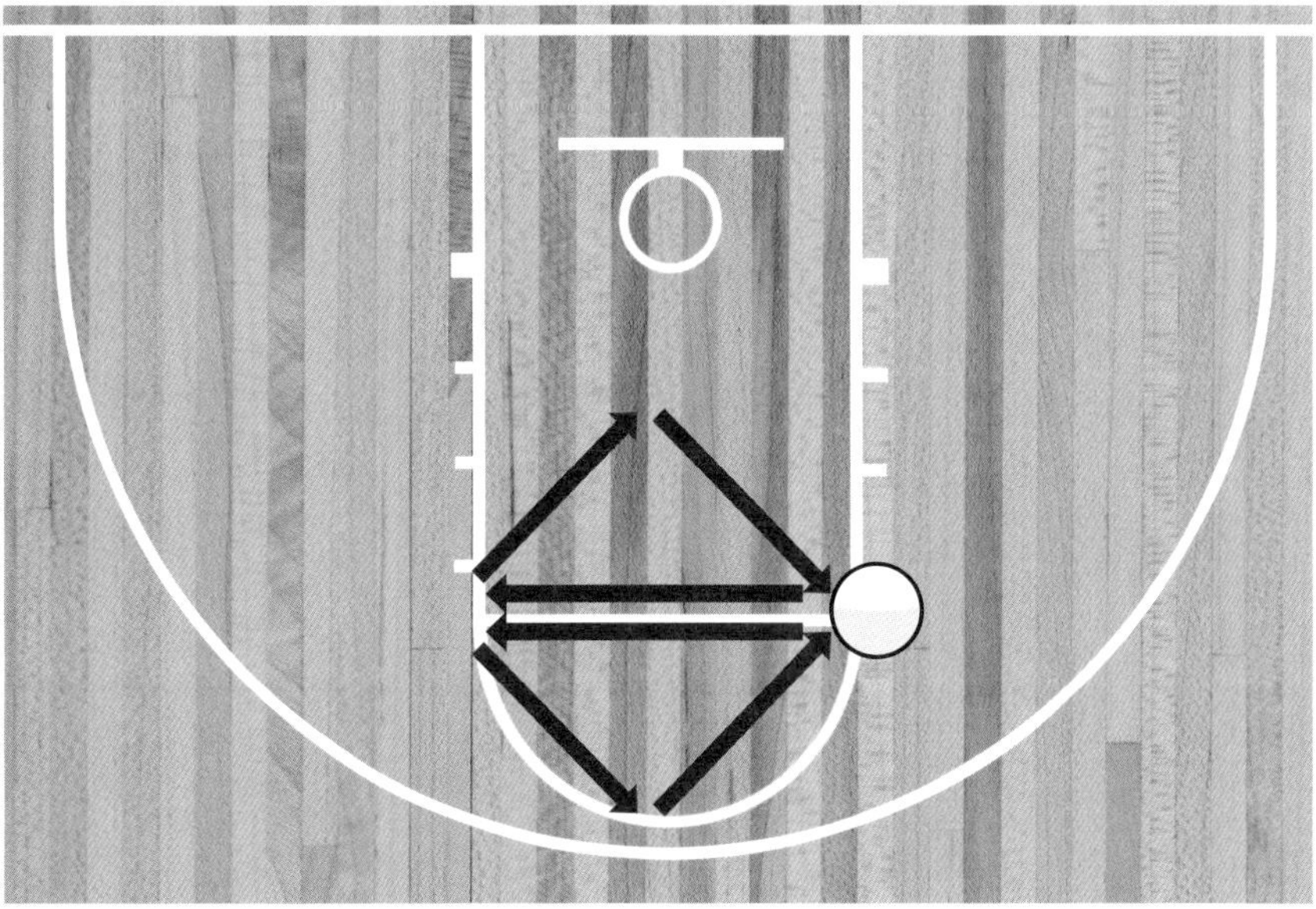

斜め後ろ、斜め後ろ、前の順に動く。右回りと左回りを行う

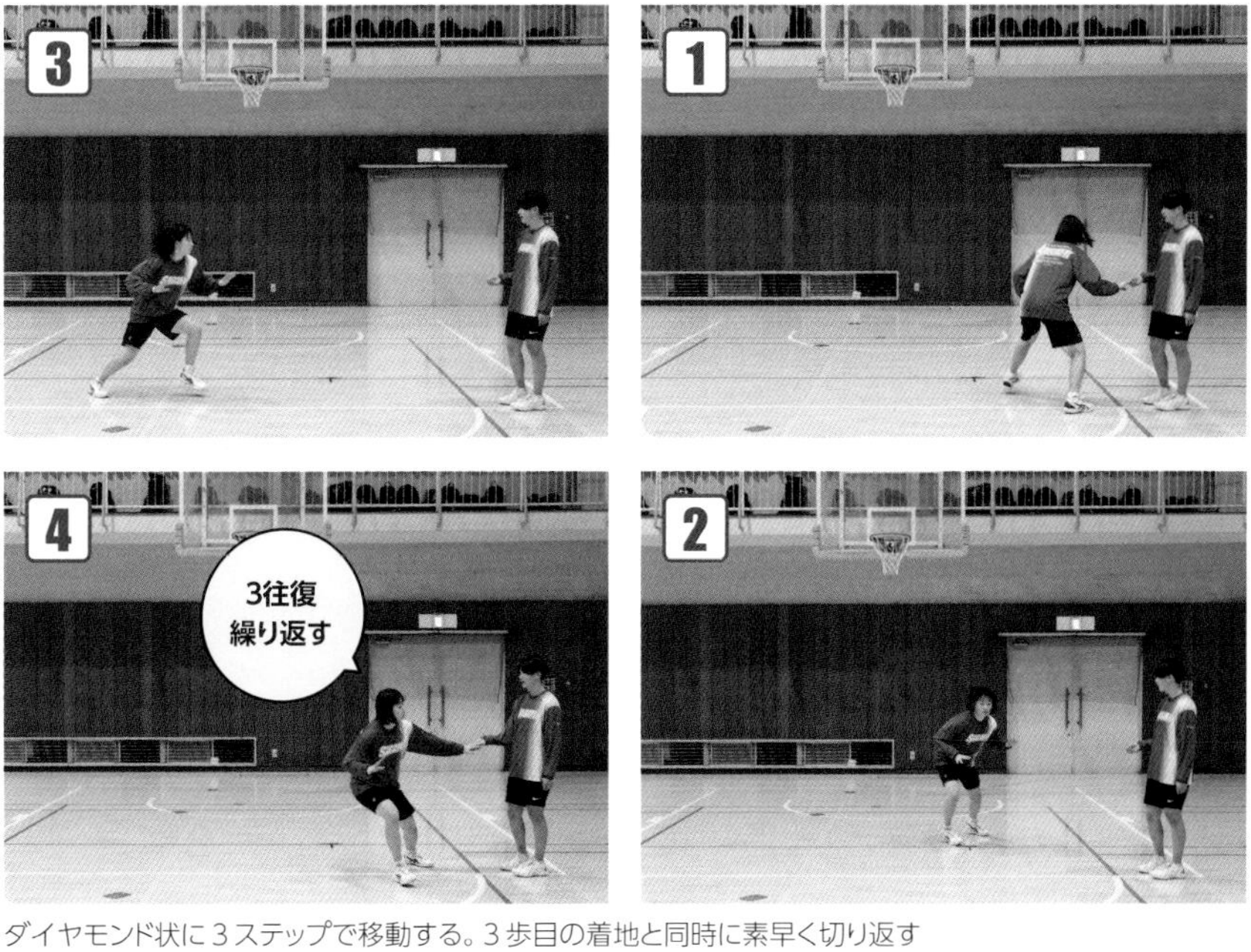

ダイヤモンド状に３ステップで移動する。３歩目の着地と同時に素早く切り返す

サークルディフェンス③素早くダイヤモンド

動画は
こちらから

素早くダイヤモンドの動き1

斜め後ろ、斜め後ろ、前の順に動く。右回りと左回りを行う

ダイヤモンドの動きを2ステップで行う

これもディフェンスステップの形を身につける練習です。

112ページでは3歩で行ったダイヤモンドの動きを、今度は2歩で行います。コンパクトで素早いステップと切り返す動きが求められます。図のようにフリースローサークルの半分の距離を使って行います。素早く動くことが必要ですが、同時に確実に切り返す動きも大切にしてください。

素早くダイヤモンドの動き2

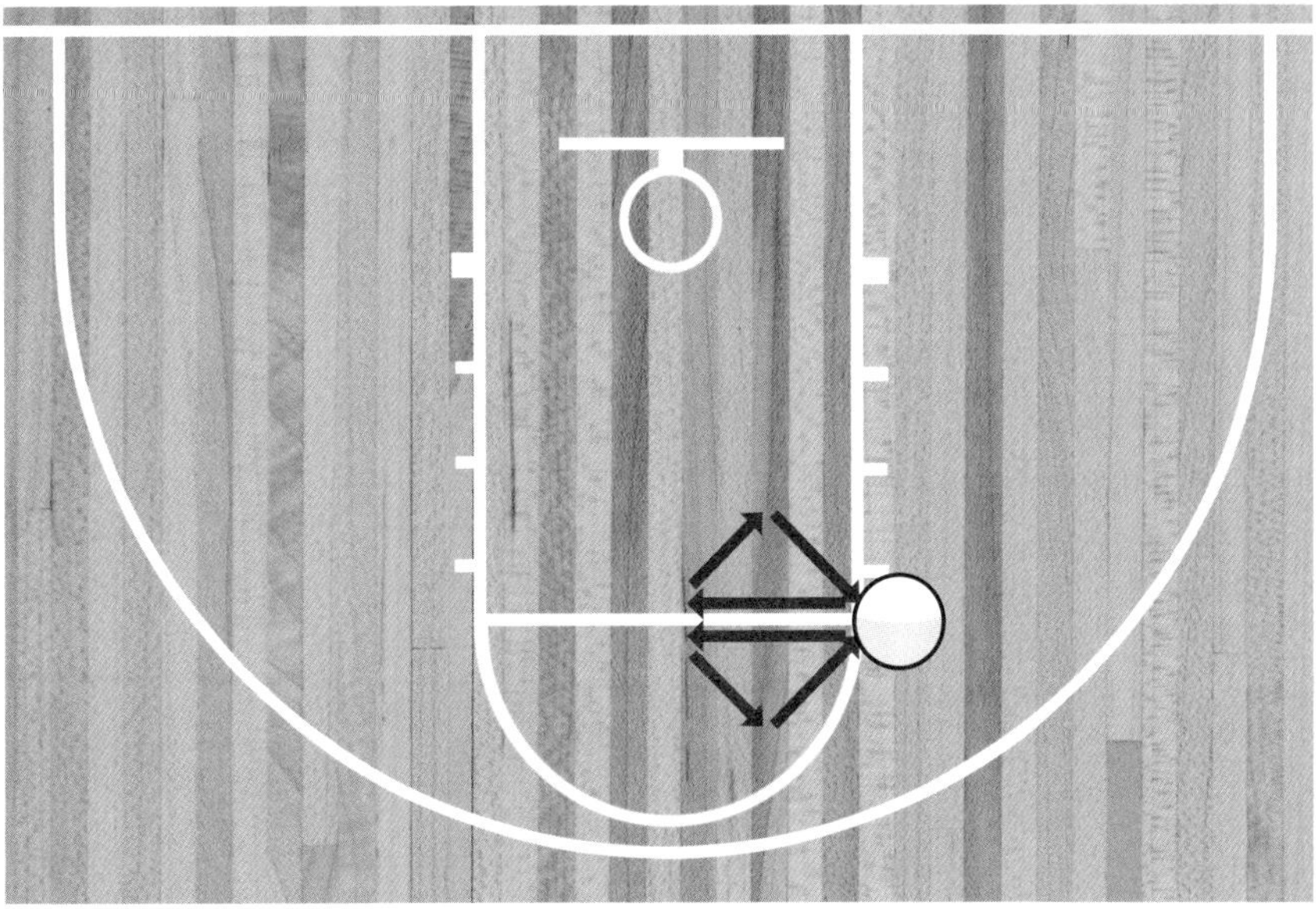

斜め後ろ、斜め後ろ、前の順に動く。右回りと左回りを行う

ダイヤモンド状に2ステップで移動する。2歩目の着地と同時に素早く切り返す

サークルディフェンス④ハーフコートでダイヤモンド

ハーフコートでダイヤモンドの動き

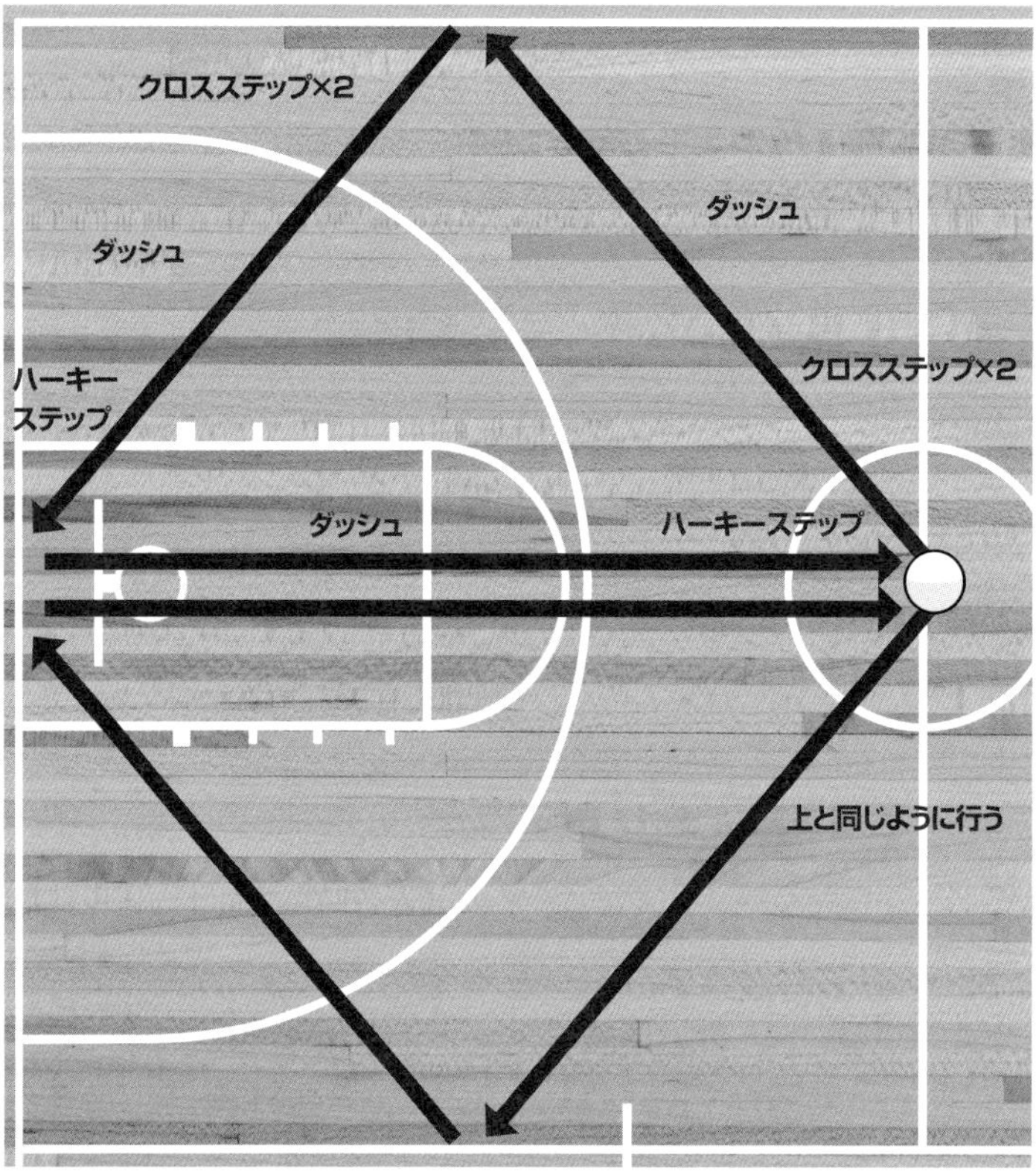

ハーフコートを使って大きなダイヤモンドを描くように動く。
クロスステップを入れて切り返す

ダイヤモンドの動きをハーフコートで行う

今度はハーフコートを使って大きく移動する形を身につける練習です。動きとしてはクロスステップを2回入れてからダッシュをし、ハーキーステップを入れます。ハーキーステップとはパワーポジションの姿勢でハンズアップし、細かく足踏みをするステップになります。この練習は使う場所が広いため、1人が切り返したら次がスタートしさらに切り返したら次がスタートといったように大人数で行うことができます。

動画は
こちらから

ダッシュ

切り返したら全力でダッシュをする

クロスステップ

足を交差させるクロスステップを２回入れて切り返す

ハーキーステップ

パワーポジションの姿勢からハンズアップをしたら小刻みに足踏みをする

サガジョポイント！

4つの動きがディフェンスの基本になる

これまで紹介した4つの動きがディフェンス時のステップの形になります。ただしこのステップができたからといってディフェンスができるわけではありません。あくまでも基本の形として練習に取り組んでください。

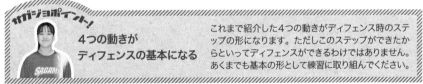

3線2線1線とは

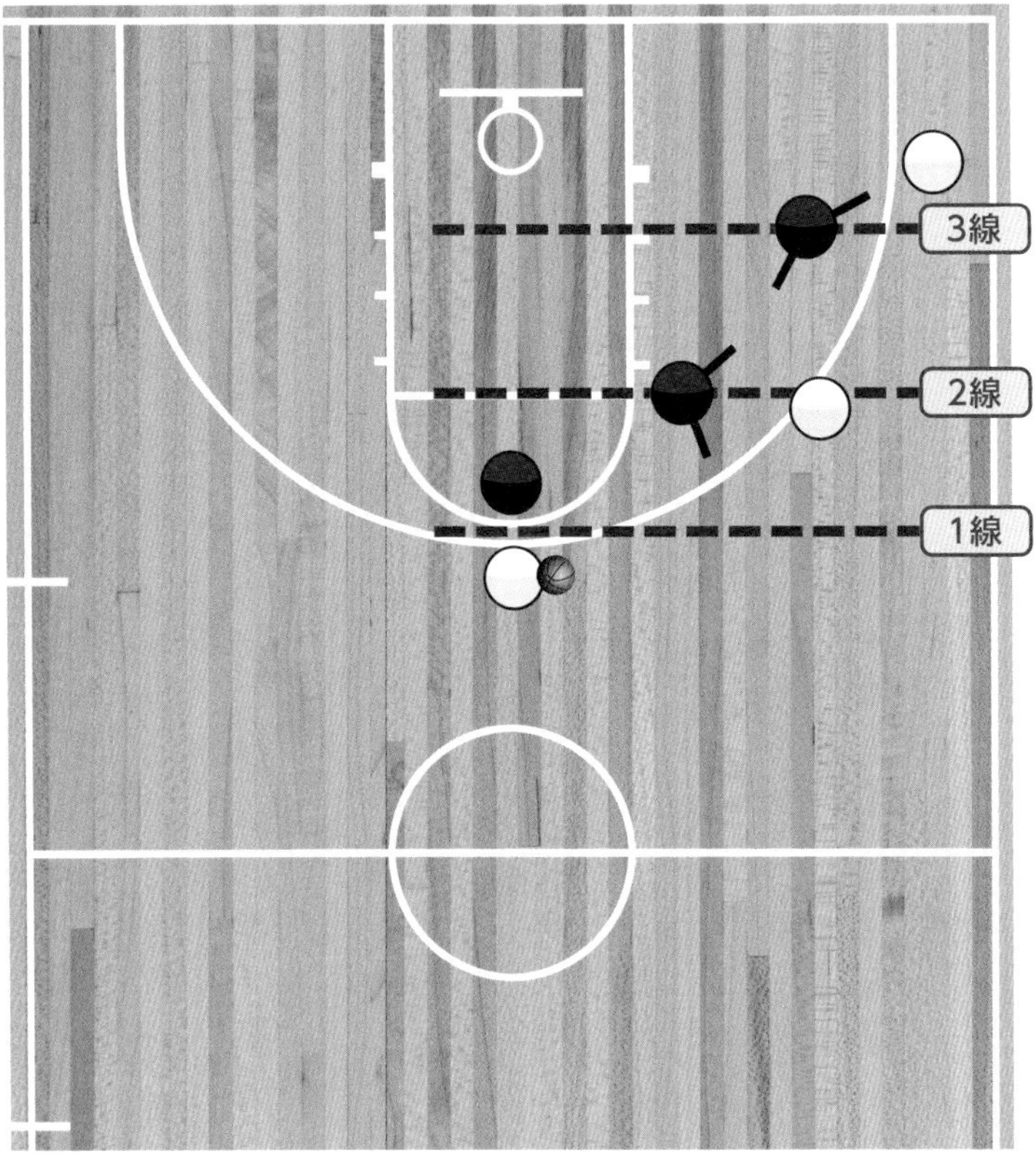

1線はボールマンのディフェンス、2線はボールマンの隣にいるオフェンスのディフェンス、3線はボールから遠いところにいるオフェンスのディフェンスを意味する

コーナーと45度へ移動しディナイして守る

ここからはこのパートの冒頭で述べた「ボールを持たせる」ためのディフェンスの動きの練習です。3線や2線とはマンツーマンディフェンスの際にボールを持ったオフェンス（ボールマン）からの距離によって決まる、ディフェンスの位置ごとの呼び方です（上の図）。コーナーのオフェンスが45度に上がるのに合わせてディフェンスも上がり、「ディナイ（※）」をします。オフェンスが下がったら一緒に下がってピストルスタンスでディフェンスします。この動きを繰り返します。

動画はこちらから

※マークしているオフェンスがボールを持っていない状況で、そのオフェンスに簡単にパスが入らないようにディフェンスする方法

1
45度に上がるオフェンスについていく

2
オフェンスについて2線まで上がりディナイする

3
コーナーに下がるオフェンスについていく

この動きを
3回ほど
繰り返す

4
3線まで下がって
ピストルスタンスで守る

ヤガジョポイント！

ミートをさせないボールの持たせ方の基本

3線2線の守り方ができるとオフェンスは下がってボールを受けてくれます。これが私たちが大事にしている「ボールを持たせる」動きの基本になります。

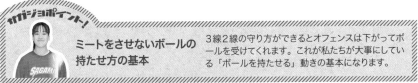

3線1線クローズアウト

1 オフェンスが左右の45度に位置する

2 片方がパスを出したら3線にいたディフェンスはボールが空中にある間にダッシュをする

素早くダッシュをして間合いを詰める

今度はオフェンスが左右の45度に位置した状態での、ボールの持たせ方の練習です。

オフェンスが反対側の味方にパスを出したら、ボールが空中にあるうちに1線の位置へ移動して間合いを詰めます（クローズアウト）。

このように素早く間合いを詰めていくことで、オフェンス側はゴールへミートすることが難しくなり、ディフェンスとしては「ボールを持たせる」ことができます。

動画はこちらから

3
ディフェンスは1線の位置に間合いを詰める

4
逆方向へパスを出したら、反対側のディフェンスが素早くダッシュをする

5
間合いを詰めてシュートを打たれないようにする

カガジョポイント！

オフェンスの予備動作を見て判断する

オフェンスはドライブを仕掛けてくるケースもあります。そのためディフェンス側は相手の予備動作を見ておき、ドライブかパスかを判断してから動くようにします。そうすることでこの練習で判断力も磨けます。

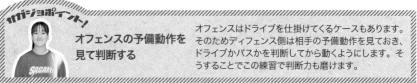

COLUMN

オフェンスに詰めるかパスを回させるか

このパートで紹介した練習はディフェンスの基本です。それは間違いないのですが、対戦相手のサイズが大きいケースがあります。以前私が取った戦略は、カバーに行く距離を短くするために、相手にボールを持たせるところを守らないことでした。なぜならボールを遠くで持たせたほうがセンターと距離ができるので失点のリスクを抑えられる反面、カバーに行く距離が長くなります。このカバーに行く距離を重視して冒頭の戦略を取りました。ところがその結果、簡単にパスを回されてしまい、寄ってからのローテーションが間に合わなくなってしまったのです。そこで途中からプレッシャーをかける戦略に変えたのですが、その結果相手のボールの回りが悪くなりました。その一方で他の試合では最初に紹介した、相手にボールを持たせるところを守らないという戦略がはまりました。この辺りは非常に判断が難しくて常に考えどころではありますが、やはり戦い方は複数持っていたほうがよいと考えています。

PART 7

田島式女子選手の指導ポイント

POINT 01

私の指導の軸

「カオス・フラクタル」な練習方法を行うために

ここでは私が考える女子選手の指導について指導の軸を紹介します。

皆さんは「戦術的ピリオダイゼーション（※ビクトール・フラーデ氏）」をご存じでしょうか？ サッカー界では有名なトレーニング理論です。この理論では、「サッカーはサッカーでしか上手くならない」「サッカーはカオスでありフラクタルである」というサッカーの本質を述べています。

また、「プレーの原則」という判断基準を表す言葉もあります。私の練習の考え方はこの理論を踏襲しているのですが、ここでは、私なりの考え方も説明したいと思います。フラーデ氏が言う「カオス」ですが、私は「同じシチュエーションや同じ設定でも、その時々によって同じ結果にはならない」と考えています。また、「人の身体に誰よりも詳しい人が一つひとつの臓器を完璧に作れたとしても、組み合わせて人間を作ることはできない」という言葉がありますが、一つひとつの動きを練習しても意味がないという例えとして使われます。つまり練習は個々のドリルではなく総合的に行い、複雑な要素が絡み合った練習の中で、基礎力もついていくという考え方です。

※ビクトール・フラーデ氏は指導者養成の名門であるポルトガルのポルト大学の教授である。戦術的ピリオダイゼーションを創案する。後に著名な監督であるジョゼ・モウリーニョ氏が実践をして世界のサッカー界に旋風を巻き起こした。それにより一躍注目を浴びたトレーニング理論である

その競技のすべての要素を含んだ練習方法を考える

もう一つの「フラクタル」という言葉ですが、これは数学の幾何の用語です。その意味は「一部を拡大すると、元の全体の形になる図形」を指します。これをスポーツに置き換えるとバスケットボールとは「オフェンスとディフェンスがいて、ゴール、ライン、コートがある。そういうものだ」ということなります。ですので、練習もすべてこの要素を含んだものが必要だということです。

私はこれらの考え方に自分なりにアレンジを加えています。戦術的ピリオダイゼーションでは、基本的に総合練習の中で基礎を鍛えますが、私は「総合的な練習の質を上げるためには、必ず基礎技術を磨く個別の練習が必要になる」と考えており、一つひとつの基礎を大切にしています。そして基礎のそれぞれ部分を一つの歯車のようなものだと考え、一つひとつの歯車を磨く時間と、歯車を噛み合わせて全体を動かす時間の両方を練習に取り入れることで基礎力を伴った実践力を身につけることを目指しています。つまり歯車を磨く時間が個別練習であり、組み合わせる時間がフラクタルな練習になります。このどちらも重要だと考えることが少し異なる部分です。例えば、本書で紹介した「ワンツーパワーステップでシュート（74ページ）」はペイント内のシュート力を磨く個別練習になり、「背中タッチで1on1（90ページ）」はカオス・フラクタルな練習になります。歯車を磨くだけだと練習が実践とつながらないので、練習の構成に注意が必要です。

また、チームとしての「プレーの原則」を練習の中で身につけるようにしています。「プレーの原則」とは個々の状況下での判断基準です。「オフェンスのとき」「ディフェンスのとき」など、局面ごとにこのときはどうするべきかという基準を作っていきます。それによって選手はプレーを自分で判断・決断することになり、主体的なプレーへとつながります。

私は多くの先生からバスケットボールの指導法を学んできましたが、他競技の指導法をにも興味があり、それらを学び紐解き、サガジョの練習に落とし込んでいます。世の中には数多くの指導法があります。本書をお読みいただいている指導者の方々は、ぜひ自分なりの指導の軸を持っていただけたらと思います。

安心や安全を好む女子選手への接し方

コンフォートゾーンとは

コンフォートゾーンとは、心理的なストレスがなく居心地のよい状態を指す

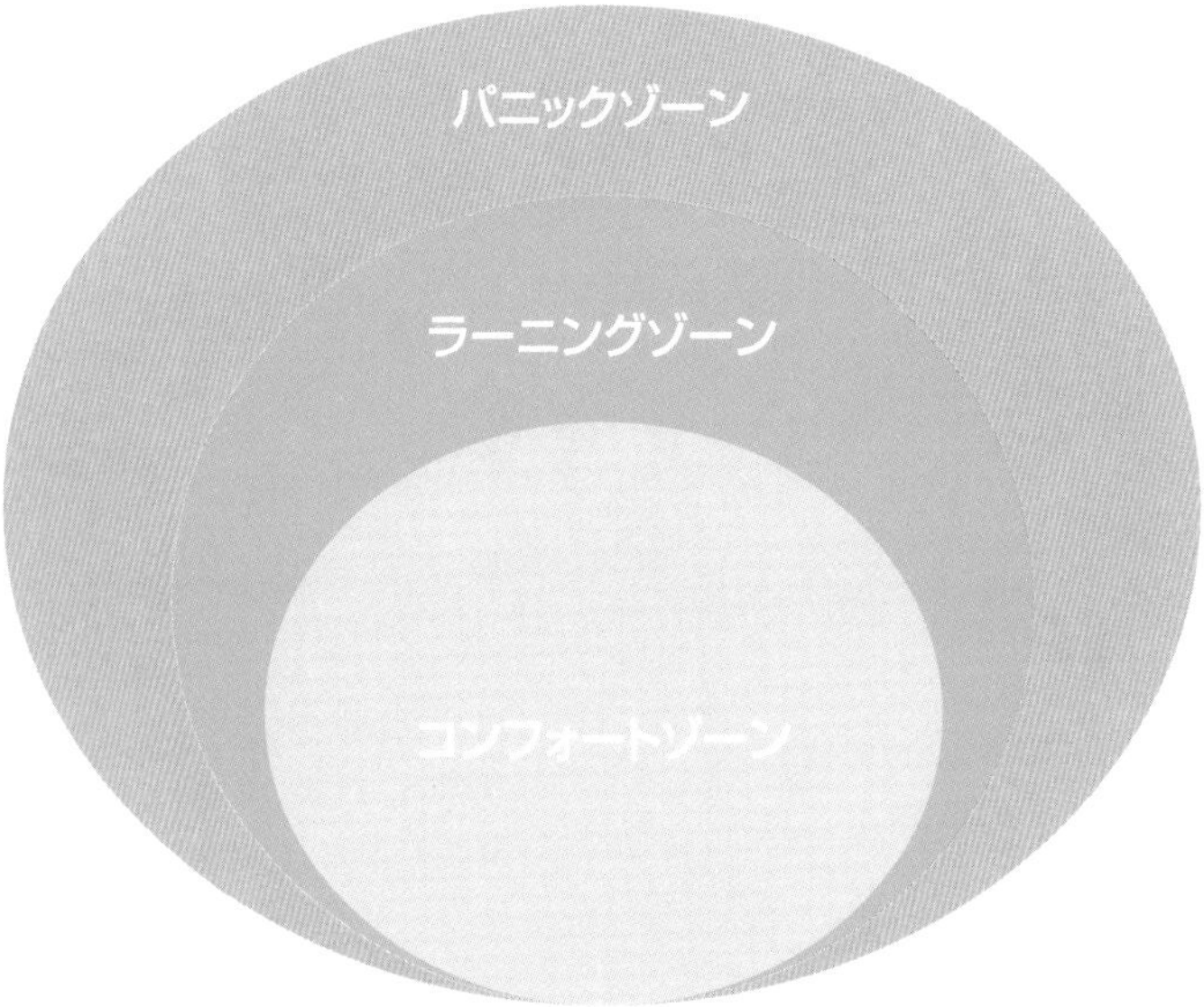

人間は人生の90%をコンフォートゾーンで生きていると言われている

※ラーニングゾーン：自分のスキルや能力があまり通用しない未知の領域。簡単には達成できず心地が悪いと感じる心理状態。

※パニックゾーン：自分のスキルや知識がまったく通用しないため、不安やストレスを過度に感じ、思考が停止してしまう心理状態。

積極的にチャレンジできる場を作る

女子の選手たちを指導していて感じることは、「言われたことをきちんとやろうとするよさがある」「その反面、言われたことを越えようとしない選手が多い」ということです。これは「失敗を嫌がる」「ミスをしないようにプレーする」といういわゆる「コンフォートゾーン（※）」にいることが自然で安心だからです。男子選手と比べて安心や安全を好むと言えるでしょう。その結果、チャレンジをしない選手が多くなります。チャレンジをすれば当然ミスをする確

率が高くなります。それを嫌がるのです。その解決方法として、ミスに対して激しく怒らないことが大事です。逆にチャレンジに対しては結果がどうであれ、「惜しい！」「ナイストライ！」などの声掛けをすることが大切です。そうすれば多くの選手がチャレンジをするようになり、「私もやってみようかな！」とチャレンジできる環境が育っていきます。

私の場合は例えば2対1の練習で「チェレンジ多めね」などの声を掛けます。選手たちは「ミスしてもいい」という心理的な安全があるため、指導者がこのような場を意図的に作ることで、積極的なプレーをするケースが増えていきます。

練習で精度を上げたプレーを試合で発揮する

チャレンジをする場の基本は練習時です。当たり前のことですが、練習でやってもいないプレーに試合でチャレンジするとミスが多くなり、結果として負けてしまいます。サガジョの練習では「選手個々の発想優先」を大事にしています。「できるかな？」と思ったらビハインドでパスを出したり、レッグパスをしたりと、それぞれの選手が思いついたことを実践しています。そうして一人ひとりの選手が「精度が高い」と感じたプレーは、試合でも積極的に出していきます。それが選手たちの成功体験となり、練習に戻った時にさらにチャレンジをする原動力になるのだと感じます。

今まで無意識であってもミスを叱る指導を行っていた場合、はじめは「安心や安全な環境作り」に苦労するでしょう。一時的にチャレンジしやすい環境にしようとしても、選手たちは完全に心理的な安全を感じていないからです。それでもチャレンジできる環境を作る指導を続けていくと、練習時のチームの雰囲気が安心で安全なものに変わっていきます。その雰囲気ができれば、新入生たちでも積極的にチャレンジしやすくなるでしょう。

POINT 03

女子選手は競争よりも協同を好む

過去の自分と競争する環境とマインドを作る

女子は一般的に競争よりも協同を好むと言われています。これは学校で授業をしていても感じます。小学校低学年の頃であれば「この問題がわかる人？」と聞くと男女とも同じくらい「はい！」「はい！」と手を挙げます。ところがある程度の年齢になると手を挙げる女子が減っていきます。これは126ページで述べた「間違った自分を見せたくない（ミスをしたくない）」という心理が働くからだと思っています。

そうはいってもバスケットボールなどのスポーツをしていれば、どうしても競争が必要になりますし、競争することで選手たちもチームもレベルアップします。ただし注意したいことは、育成年代（小学生から20歳くらいまで）では競争を重視しすぎるのはよくないということです。なぜならこの年代は多感なため、「結果がすべて」と考えがちになるからです。そうなると先ほど述べたように、チャレンジをしなくなってしまいます。

私が心掛けていることは、「過去の自分と競争をする」ことです。「一番のライバルは昨日の自分」と言い続けることで、「今はできなくても、次にできるようにするにはどうしたらよいのか」を考えるようになっていきます。

一流のプレーヤーたちから学べることは多い

女子選手の特徴として、NBAやワールドカップ、Wリーグなどの試合を観ていない選手が多いことが挙げられます。私は選手たちにできるだけ一流の試合を観て、現在のバスケットボールを学んで欲しいと考えています。そのためにはまずは私たち指導者自身が試合を観て学ぶことです。そして選手たちに興味を持ってもらうようにします。例えば練習前に試合での「レッグスルーからのスピン」や「シャムゴッド」などの動画を見せ、「これをやってみたらどう？」などと促します。

また日本女子代表チームは東京オリンピックで銀メダルを獲得しています。サイズが大きい他国の選手たちとどのようにして戦ったのかを知ることは、今の自分たちが成長する大きなヒントになると思います。

プロの試合を観るキッカケにして欲しくて私がはじめに行ったことは、ミーティングで選手たちと一緒に試合を観ることでした。「このプレーは誰々に向いているかもね」など選手たちと会話をしたり、選手同士が自分の考えをぶつぶつ言いながら観る環境ができれば、選手たちは自分の時間に試合を観ることが習慣になるかもしれません。

POINT 04

楽しく笑顔でプレーする

自然発生的に出るように笑顔を引き出す

本書の画像や動画を見て「選手たちが笑顔でプレーしている」と思った方もいるのではないでしょうか？　ヘラヘラ笑ったり、相手をなめたりした笑顔はよくありませんが、楽しくて自然発生する笑顔は見ていても気持ちがよいものです。

私は、「これをやらないと怒られる」「上手くやれなかったらどうしよう」のような悲壮感が漂った雰囲気が好きではありません。選手たちは元々楽しいからバスケットボールをしています。以前、ある指導者の方の言葉を読んで私自身がハッとさせられたことがあります。それはある大会で優勝したときの監督の言葉で「優勝したときに誰も笑顔ではなかった。それどころか、これでやっと苦しい時間が終わるという安堵感のほうが大きかった」のような感じでした。それからはできるだけ選手たちのよいところを見るようにし、よくなったことに声を掛けています。ダメなプレーに対しても「ここをこうしたらよくなるんじゃないかな？」といった言葉を掛けるようにしています。

笑顔でプレーができるということは、余裕がある証拠でもあります。

そして練習から笑顔でプレーすることで、試合の苦しい場面でも笑顔が出せるようになります。

達成感からの笑顔は目標設定からはじまる

サガジョの場合、紙や黒板を使って目標の設定をしています。この目標にはチームとしての目標と個人としての目標を書きます。これも戦術的ピリオダイゼーションの考え方から、「練習試合が何月何日にある」→「その試合に向けてどこを強化するか」→「その試合で何を試すか」ということをみんなで考えます。そのうえで1週間練習をし、試合の結果がどうだったのかを振り返ります。振り返りではその試合でうまくいかなかったことを吸い上げて次の練習につなげたり、振り返りで出てきたプラスアルファの要素を練習に加えたりします。

基礎練習や基本練習で選手一人ひとりが自分のレベルを上げ、チームとしてその歯車を噛み合わせていくことを通じて、選手たちは「できた時の喜び」という成功体験をしていくと考えています。それが、「できたから嬉しい」「もっとできるようになろう」といったようにつながっていけば、チームとしてよい雰囲気のなかで練習ができることになります。このような好循環が生まれるからこそ、選手たちは自然発生的な笑顔を絶やさずにプレーをしてくれるのだと感じています。

POINT 05

全力で練習する

長距離走ではなく短距離走を何本も繰り返すような強度

サガジョの練習時間は決して長くありません。中学の場合、平日は週3日（1日90分）、週末は練習試合や3時間の練習時間しかありません。この短い時間でプレーの質を高めるためには、選手たち自身が練習の強度を上げるしかありません。陸上競技に例えると、60％の力で走りきる長距離走ではなく、80％や90％で走りきる短距離走を何本も走るイメージです。ですから単純にボールをもらいにいく場合でも全力でダッシュをします。スピードが上がるとそれだけプレーが難しくなります。ディフェンスのフットワークにしても、スピードが上がると止まることが難しくなります。このように難しい状況に自らを追い込めるからこそ、試合でも通用する動きになります。

私は「練習をした気になったらいけない」と考えています。特に走る系の練習をしたときは「やった感」が強いのですが、練習の強度が60％程度と低ければ、そこまで本人の力にはなりません。全力で練習に取り組むからこそ、練習を重ねるごとに自分の力になっていくのです。今の選手たちは自ら全力でプレーをしていますが、初めは全力でプレーする

選手たちが自ら全力で練習する理由

- ☑ 全力でプレーすることの重要性を理解している
- ☑ 全力で練習を続けることで結果を得られる実感を持っている
- ☑ 全力で練習をして結果を残した先輩たちを見ている

ことの大切さを話すようにしていました。

選手たちが全力で練習に取り組む3つの要因

全力で練習に取り込むことは、コンフォートゾーンを超える取り組みでもあります。全力でダッシュしてパスをもらいにいくとキャッチミスをするかもしれません。全力のダッシュからのストップで体勢が崩れてしまうかもしれません。それでもここを乗り越えてできるようになることで、やっと本物の技術になります。野球に例えると、恐らくピッチャーは速い球をよいコントロールで投げるようなトレーニングをしていると思います。球速を度外視してコントロールだけを練習することはあまりないでしょう。こうした練習でのスピードアップを選手たちは全力でやっているのですが、そこには3つの理由があると感じます。1つは私が口頭で伝える「全力でプレーすることの必要性」を理解してくれていること。

もう1つは選手たちが全力で練習を続けることで自分たちが成長していることを実感できていること。

最後の1つは、先輩たちが全力で練習をして結果を残していることを自分たちの目で見てきたことです。

「練習は裏切らない」という言葉がありますが、その意味を自分たちで理解しているからこそ、全力で練習に取り組む姿勢が自然に出せるのです。

POINT 06

一斉だけでなく個別最適化

一斉に伝えるだけでなく個々に目を向ける

少し学校の授業の話になりますが、日本の教育は平均化することが多く、授業も全生徒を対象にした一斉授業が中心です。このスタイルの弊害は、勉強ができる生徒は予習や別な問題を解くなどの内職に精を出すようになり、勉強ができない生徒は全然ついていけなくて勉強自体を嫌いになっていくことです。

そのため私は一斉に教える授業の時間と個別最適化する時間に分けています。例えば勉強ができる生徒たちができない生徒たちに教える時間を作ります。そうすることでできなかった生徒たちはある程度できるくらいまで理解度が深まりますし、教える側も人に教えることで自分の理解度を高めることができます。

また私たちの学校ではオンラインで行うインターネット教材を導入しているので、今の段階で授業が理解できている生徒たちはどんどん予習をしてOKにし、苦手な生徒たちは前の章の復習をするといった時間も設けています。これは授業だけでなくバスケットボールの指導にも共通します。常に全体練習をするのではなく、時には技術レベルごとのグループに分けたり、上手な選手と未熟

個別最適化の例

- ☑ できる選手とできない選手に分けてプログラムを変える
- ☑ できる選手ができない選手に伝える
- ☑ できる選手とできない選手をミックスして一緒にできない理由を考え、解決策を見つける　など

➔ 常に一斉練習ではなく、選手1人ひとりがコンフォートゾーンを超えるためにはどうしたらよいのかを考えて指導する

な選手をペアにしたりすることで、結果としてチーム全体のレベルの向上につながります。

目的の1つは選手たちがコンフォートゾーンを超える

個別最適化をする最終的な目標の1つが、選手1人ひとりのコンフォートゾーンを超えることです。そのためにはできないプレーを繰り返し練習するだけでなく、時には難易度や負荷を下げて基本の習得をするほうがよいこともあります。

以前新チームになってすぐにトライアングルパスの基礎を練習しようとしたことがありました。ところが全然うまくできなかったのです。私は「なんでできないのだろう？」と思いながら、できないことが事実ですので対面のパスキャッチをさせてみました。ところがこれでも上手くできませんでした。そこで今度は2列になって並走しながらのパスをさせてみました。そうするとよい位置に入って手を出してパスをキャッチしたり、速く走るために腕を振る動きができてきました。そこで再びトライアングルパスをすると、少しできるようになったのです。

前の完成形に近いチームで練習をしていると、できることが当たり前のように捉えてしまっていましたが、そのような見方ではいけませんでした。指導者として、選手1人ひとりに対しての見方を切り替えたり、イメージに縛られないようにすることで個別最適化の指導につながると感じた出来事でした。

チャレンジを加速させるメンタルワーク

本気じゃんけん

ペアやグループになってじゃんけんをする

勝ったほうも負けたほうも本気のリアクションをする

負けたほうにプラス思考ビームを注入し、よいメンタルに戻す

ポジティブに練習に取り組むメンタルを作る

サガジョで練習前に行っているメンタル強化ワークに「本気じゃんけん」があります。これは大きなリアクションを取ることで心を開放することが目的です。

　まずはペアになり、その日の練習の目標を話すことでやることの確認をします。その後、ペアの選手のよいところを3つ褒めます。褒めるほうはペアのよいところを見つける能力を鍛え、褒められたほうは素直に嬉しい気持ちを感じます。これは練習のなかでも重要となる、積極的でポジティブなコミュニケーションにつながります。

　次に再びペアやグループになってじゃんけんをし、勝った場合は本気で喜び、負けた場合は本気で悔しがるという大きなリアクションを取ります。このまま練習に入ると負けた選手は残念な気持ちのまま練習に入ることになります。そこで勝った選手たちが負けた選手たちに「プラス思考ビーム」と口に出しながらビームを注入します。そのビームを受けた選手たちは立ち上がり、思考をプラスに変えます。

　そして最後に円陣を組んで声を出し、そこから練習に入っていきます。

練習前のメンタルワーク

☑ 目標の確認と3つ褒める
➔ 練習内容を確認し、よいコミュニケーションのベースを作る

☑ 本気じゃんけんをする
➔ 最終的にプラス思考で練習に向かう

☑ 円陣を組んで声出し
➔ 集中して練習に臨む土台作り

ケガを防ぐトレーニングと成長を促す取り組み

よいメンタルができたらパート1で紹介した体幹のトレーニングに入ります。

パート1の冒頭でも述べましたが、女子選手に多いケガは足首やヒザの捻挫やじん帯の損傷です。これまでもパワーポジションの重要性を述べてきましたが、股関節を曲げたよい姿勢が取れると、外力にも耐えられる姿勢ができます。これはすぐによくなるものではなく、毎日の練習の繰り返しで少しずつよくなるものです。その一方で地道な練習でもありますから、先程のメンタルワークでよい心理状態を作っておき、そこから取り組む流れにしています。

ケガの予防という面からすると、指導者には正しい姿勢を判断したり修正する能力が求められます。サガジョの場合はチームにトレーナーがいますので、その方の力を借りながら指導をしています。

それから、この年代の選手に大事にしてもらいたいことは睡眠です。成長期は寝ることで身体が成長し、寝ることで疲労を回復できます。そのためサガジョでは朝練習を自由参加にし、疲労が残っている選手は少しでも睡眠時間の確保をしてもらいたいと考えています。それでも、無理してでも朝の自主練習に参加してしまう選手が多いのですが……。

なお、ここで紹介したワークは、日本でのメンタルトレーニングの先駆者である東海大学の高妻容一先生より教わったワークを基にしたものになります。

POINT 08

スタッツからの「たられば」で目標を設定する

スタッツと「たられば」の表

❶ ❹ ❸

Basic STATS

Team	PTS	FG M	FG A	3FG M	3FG A	2FG M	2FG A	FT M	FT A	FOUL	REBOUND OFF	REBOUND DEF	TOTAL	ASSIST	STEAL	BLOCK	TO	PLAY TIME
相模女子	62	25	76	3	22	22	54	9	19	12	19	26	45	7	10	2	19	
		32.89%		13.64%		40.74%		47.37%										
B高校	52	19	80	7	33	12	47	7	10	10	19	18	37	3	13	1	15	
		23.75%		21.21%		25.53%		70.00%										

❹

PPP/POSS/4Factors

Team	PPP	POSS	eFG%	TO%	FTR	ORB%	DRB%	TRB%	3PA/FGA%
相模女子	0.600	103.36	34.87%	18.38%	0.250	51.35%	57.78%	54.88%	28.95%
B高校	0.523	99.40	28.13%	15.09%	0.125	42.22%	48.65%	45.12%	41.25%

❶

	A	確率	目標本数	目標得点	+−本数	+−得点
3P	22	25%	6	18	-3本	-9点
2P	54	40%	22	44	+0本	+0点
FT	19	80%	15	15	-6本	-6点
				77		-15点

❷

TO	19
相手のOR	19
DR%	57.78%

表のPDFはこちらから

❷

2022-23 相模女子大学高等部バスケットボール部 スタッツ目標

	A	率	IN	OUT	点
3P	30本	33%	10本	20本	30点
2P	50本	40%	20本	30本	40点
FT	15本	80%	12本	3本	12点
					82点

OR	15本以上	DR%	70%
DR	30本以上	POS	80回
TR	45本以上	P/POS	1.00
TO	10回以下	3PA/FGA	40%

ハーフゲーム用

	A	率	IN	OUT	点
3P	15本	33%	5本	10本	15点
2P	25本	40%	10本	15本	20点
FT	8本	80%	6本	2本	6点
					41点

OR	7本以上	DR%	70%
DR	15本以上	POS	40回
TR	23本以上	P/POS	1.00
TO	5回以下	3PA/FGA	40%

スタッツから見た試合の振り返り	
改善できるところ	
個人	チーム
実際に取り組むこと	
個人	チーム

※このシートは高校生の試合のものです。基本的な考え方は中学生も同じです

シュート本数と成功率の「たられば」

前にも述べたように試合の振り返りから次の練習目標を設定します。その基本となるのが試合のスタッツであり、スタッツを基にした「たられば」です。この表は私が試合を観て感じたことをベースにして作成し、後日選手たちに配るようにしています。どの数字を見るのか、選手たちにどのように使ってもらうのかを説明しますので、ここからの解説は左の表を見ながら読んでください。

まずは表の①です。3ポイントを打った本数と決めた本数ですが、ス

タッツでは22本打って決めたのは3本でした。確率にすると13・6%と非常に低い数字です。そこで下の「たられば」で、もし22本中に最低目標の25%入ったとして、6本決められていたら18点取れており、スタッツよりも9点多く得点できたことになります。2ポイントやフリースローも同じ考え方で、スタッツよりもそれぞれの最低目標の%まで確率を上げることで、この試合よりも15点多く得点できたことになります。そして選手たちは「それではどのようにしたら3ポイントと2ポイントの成功率を上げられるのか」を考え、表の下にある「改善できること」や「実際に取り組むこと」に落とし込みます。

なお右下の②の部分がこのシーズンのサガジョの目標スタッツになります。この数値と結果を比較することでも、どのような練習が必要になるのかが導けます。

目標スタッツと比較するターンオーバーとリバウンド

次にターンオーバーの回数（③）です。この表では19回ターンオーバーをしています。②のスタッツ目標は10回以下ですから目標よりも9回多くターンオーバーをしたことになります。もう1つのディフェンスリバウンド（④）にしてもそうです。目標が70%であるのに対してこの試合では57・8%しか取れませんでした。こうして見ると試合には勝てましたが、想定していたよりも接戦になった大きな原因がターンオーバーとディフェンスリバウンドにあることがわかります。こうしたことも振り返りによって原因を探り、具体的な練習に落とし込むようにします。

「たられば」に話を戻しますが、強豪校と対戦して負けてしまったとします。その際には「たられば」を用いて「こうすれば勝てる」という具体的な数値を示すことができます。敗れた原因を探すことも大切ですが、「こうすれば勝てる！」と選手たちが思うことで、その後の練習に対する姿勢も、さらに全力なものになります。

もちろん、どうやっても勝てない残酷な結果が出ることもあるのですが、「たられば」を上手く使うことで質の高い練習につなげることが多くあります。

POINT 09

近道を選ばない指導を目指してもらいたい

若い指導者の皆さんにお伝えしたいこと

最近、サガジョの練習を見に来てくださる指導者の方が増えています。これは非常にありがたい反面、気が引き締まる思いです。そこで少し差し出がましいかもしれませんが、このような気持ちで練習を見ていただけたらという私の想いを述べます。

どのスポーツにも近道はありませんので、私は基本や基礎練習を大事にしています。私が考える近道の一つが、楽なプレーに慣れないということです。相手チームのほうが質が低かったとしましょう。そのようなチームとの試合では楽にボールが取れ、楽に得点を入れることができます。そのようなことに慣れてしまうと、楽なプレーを選ぶようになってしまいます。相手の質に関係なく、状況を判断してよりよい選択をすることが必要だと考えています。「安易な道を選ばない我慢できる選手」と言いましょうか、相手がどのように変化してきてもそれに対応するために、判断力を磨き続けられる選手が理想です。

中学からバスケットボールをはじめる選手が多い場合、そのような選手たちにパス・シュート・ドリブルの基本だけを教えても試合には勝てません。やはり選手たちには試合に勝つ喜びを与えてあげたいため、相手からボールを取るための方法など、つまり近道になる戦略を教える方法もあります。ですから近道を完全否定するわけではありませんが、強豪校になりきれないチームには、どこか近道を選ぶ現実があります。そこをどのように乗り越えるかが重要になると考えています。

基本や基礎の積み重ねでしか本当に強い選手は育たない

もう1つ例を挙げます。男子バスケットボールの強豪校である福岡第一高校。このチームの特徴の1つが

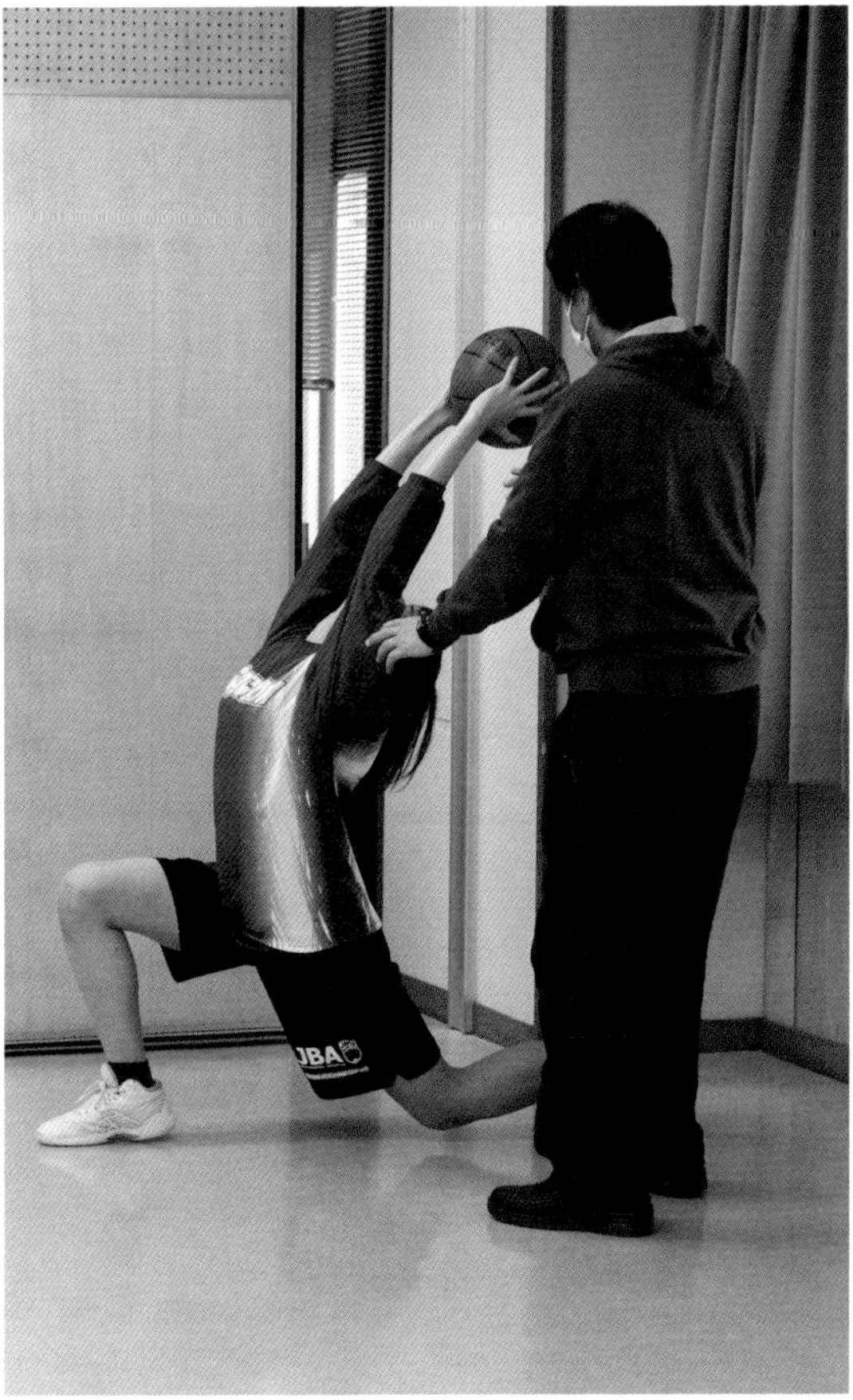

ゾーンプレスですが、選手たちは強いマンツーマンディフェンスもできるのです。その基礎や基本を持ったうえでゾーンプレスを行っていると思います。ところがこの表面だけを見て「うちのチームもゾーンプレスで行こう！」と考えたとします。もちろんチーム力がそこまで高くない対戦相手には勝つことができるでしょう。けれどもある程度以上の対戦相手には個人のレベルも上げていかないと戦えないでしょうし、その相手に勝つ術が身についていないために、ずっと同じレベルに留まり続けてしまいます。繰り返しになりますが、重要なことはいかにして基本や基礎の技術を高めるかです。強豪校の選手たちはベースになる基本や基礎を磨きながら、そこに上乗せをして戦っています。先ほどの例のように、バスケットボールの経験がない選手だけのチームを指導するとします。その場合に「基本や基礎の技術を伝えて高校や上のカテゴリーへ上がった時に通用する技術があればよい」という考え方と「試合に勝たせたいのである程度の戦術を伝えたい」という考え方の両方が必要だと考えています。もちろんどの程度の配分にするかは選手たちによって異なるため、その点をじっくりゆっくりと考えながら指導に当たっていただきたいと思います。

おわりに

現在の相模女子大学中学部のバスケットボールは、ある程度の形になっていると感じています。そこからさらに私が目指していることは、オフェンスであれば、現在はドリブルドライブモーションという1対1を中心としたオフェンスをしています。そしてこれとチーム戦術を融合していくことで、例えばドリブルドライブモーションで攻めきれなかった場合に、カッティングやポストプレーなどのやり方でペイントを攻めることを考えています。こうしたことが組み入れられたらオフェンスのバリエーションが増え、さらに強くなれるでしょう。さらにシステムの多彩さを今以上に出せるようにしたいと思っています。例えば相手チームに大きな選手がいた場合、身長が低くてもできるディフェンスのシステムをもっと増やしたいと考えています。

それから卒業した選手たちがWリーグや海外にチャレンジできるような育成をしていきたいですし、そのような環境を作りたいと考えています。日頃から私は世界で通用する選手を育てたいという思いがありますので、選手たちにはさらに上の世界へ羽ばたいていってもらいたいのです。そのような世界には手が届かなくても、長くバスケットボールを続けたり、指導者としての道を歩んでくれたらとても嬉しく思います。

　サガジョで選手たちに伝えてきたコンフォートゾーンを超えることは、日常生活でも活かせることです。そのことをこれまで以上に活かし、同時にいろいろな人たちへ伝えてもらいたいと思います。そのことを少しでも本書から感じていただけたら幸いです。

相模女子大学中学部・高等部
バスケットボール部監督
田島　稔

著者紹介

田島 稔（たじま・みのる）

1965年神奈川県出身。神奈川県内の県立高校で21年間バスケットボール部の顧問を務めたのち、2008年に相模女子大学中学部へ着任。バスケットボール部の顧問となる。『世界基準の選手を中学生から育てる』をモットーに、様々な分野の指導者から指導方法を吸収し、独自の理論で相模女子中学バスケットボール部を全国有数の強豪校に育てあげる。2023年1月に行われた全国大会Jr.ウィンターカップでは、これまで果たせなかったベスト8の壁を破り堂々の3位となる。

モデル

川島才佳・成田莉子・藤原あかり・杉山ひより・
オボナヤ星史留・西原あかり・竹内みや

STAFF

●編集
佐藤紀隆（株式会社Ski-est）
稲見紫織（株式会社Ski-est）
野村嘉希（株式会社Ski-est）

●デザイン
三國創市（株式会社多聞堂）

●写真撮影
眞嶋和隆

楽しく上達女子バスケットボール入門
サガジョメソッド

2023年6月20日　第1刷発行

著　者　田島 稔
発行人　永田和泉
発行所　株式会社イースト・プレス
〒101-0051
東京都千代田区神田神保町2-4-7久月神田ビル
Tel.03-5213-4700／Fax.03-5213-4701
https://www.eastpress.co.jp
印刷所　中央精版印刷株式会社

ISBN 978-4-7816-2211-8